# Los límites del amor

# Los límites del amor

## *Hasta dónde amarte sin renunciar a lo que soy*

## Walter Riso

GRUPO
EDITORIAL
**norma**

Bogotá, Barcelona, Buenos Aires, Caracas, Guatemala,
Lima, México, Panamá, Quito, San José,
San Juan, Santiago de Chile, Santo Domingo

Riso, Walter

    Los límites del amor / Walter Riso. -- Bogotá : Grupo
Editorial Norma, 2006.

    184 p. ; 21 cm.

    ISBN 958-04-9184-4

    1. Relaciones de pareja - Aspectos psicológicos 2. Amor ^
Aspectos psicológicos 3. Cortejo amoroso 4. Etica sexual I. Tít.

177.6 cd 19 ed.

A1082754


CEP-Banco de la República-Biblioteca Luis Angel Arango

Asesoría editorial, Adriana Delgado Escrucería
Edición, Natalia García Calvo
Dirección de arte, Jorge Alberto Osorio Villa
Diseño cubierta, María Clara Salazar Posada
Ilustración de cubierta, Juan Felipe Sanmiguel
Diagramación, Nohora E. Betancourt Vargas

Este libro se compuso en caracteres Bembo

ISBN 958-04-9184-4

*Para Reinaldo*

*A su capacidad de hacer*
*de la vida un bello cuento,*
*a su alegría contagiosa*
*que todavía extraño*

*Cada cual se tasa libremente en
alto o bajo precio, y nadie vale sino
lo que se hace valer; tásate, pues,
como libre o como esclavo: esto depende de ti.*

Epícteto

*El amor tiende siempre a ir más
lejos, pero tiene un límite, el que,
sobrepasado, lo torna en odio.*

Simone Weil

*Entre el deseo y la realidad
hay un punto de intersección:
el amor.*

Octavio Paz

# CONTENIDO

# Introducción

No importa qué digan los poetas, no amamos con el corazón, sino con el cerebro. Podemos inventar el amor de pareja en el día a día, construirlo a nuestra imagen y semejanza, e incluso trascenderlo o abandonarlo. Si el amor sólo fuera sentimiento y emoción pura, quedaríamos inevitablemente a la merced de sus altibajos y fluctuaciones. Sin embargo, los consultorios psicológicos están repletos de mujeres y hombres valientes que rebaten la idea de que el amor es incontrolable y totalmente irracional. El amor completo, el que incluye pasión (*eros*), amistad (*philia*) y ternura (*ágape*), no llega de improviso como un demonio o un ángel que se apodera de nosotros, también existe la voluntad de amar o de no amar. No sólo el amor nos "posee", también lo poseemos a él: nadie es víctima del amor sin su propio consentimiento.

Nuestra cultura ha hecho una apología al amor incondicional, el cual parte de una idea altamente peligrosa: "Hagas lo que hagas te amaré igual". Es decir, que a pesar de los engaños, los golpes, el desinterés o el desprecio, si los hubiera, en nada cambiarían mi sentimiento. Más allá de mi dignidad y a cualquier precio, hagas lo que hagas, te amaré *per sécula seculórum*. Amor ilimitado, irrevocable y eterno. ¿A quién se le habrá ocurrido semejante estupidez? Si el amor lo justificara todo, estaría por encima de los derechos humanos, la justicia y la ética. Entraríamos en un "todo vale" afectivo que funcionaría como una bomba de tiempo, donde el "ser para el otro" quedaría automáticamente validado y el "ser para sí" sería considerado una herejía. No importa qué digan los románticos: ser incondicional en el amor, amparado en la quimera del amor verdadero, promueve el sufrimiento feliz, el desinterés por uno mismo y la renuncia al yo.

Algunos pensadores y personajes se han referido al amor romántico con innumerables epítetos: doloroso e inexpugnable; como una conmoción (Werther), duelo anticipado (Barthes), terror/ansiedad (Winnicott), enfermedad (Platón), amargo ejercicio (Gabriela Mistral), tristeza placentera (Campoamor), ímpetu ciego (Marañón), curiosidad superior (Flaubert), en fin, la lista sería de nunca acabar. Pero insisto: el amor pasional, la manía, el arrebato que nos transporta y apega es sólo una parte de la experiencia afectiva.

Realmente, ¿nunca esperas nada a cambio de tu pareja, ni siquiera una mínima retribución? No seamos hipócritas. Si eres fiel, esperas fidelidad; si das sexo, esperas sexo; y si das ternura, no esperas un golpe. El mito del amor sin límites ha hecho que infinidad de personas establezcan relaciones totalmente dañinas e irracionales, en las que se promulga el culto al sacrificio y la abnegación sin fronteras. "Vivo para ti", "Mi felicidad es tu felicidad": amor andrógino, dependencia feliz, adicción bendita. ¿Y después qué? ¿Cómo escapar si me equivoqué?

Si el amor teórico y celestial es ilimitado y no conoce condiciones, el amor terrenal las necesita, y con urgencia. Basta mirar cualquier indicador sobre maltrato y relaciones disfuncionales para darse cuenta de que los llamados "males del amor" ya conforman un problema de salud pública.

¿Quién dijo que hay que soportarlo todo o resignarnos a una vida insulsa y sin sentido, por amor? ¿De dónde sacamos que para el amor no hay ley? No sólo traspasa los límites racionales del amor quien vulnera los principios de la persona supuestamente amada, sino quien acepta sumisamente el desamor, la descalificación, el engaño o cualquier otra forma de ofensa. Si nunca te indignas con tu pareja, pueden pasar dos cosas: o vives en el autoengaño o estás viviendo con un santo o una santa, lo cual es igualmente preocupante.

Reconocer que existen ciertos límites afectivos no implica necesariamente dejar de amar, sino aceptar la posibilidad de modificar la relación en un sentido positivo o simplemente alejarse y no estar en el lugar equivocado, aunque duela la decisión. Aun así, algunas personas parecen tener una conexión directa entre el sistema límbico (encargado de sentir) y el lóbulo prefrontal (encargado de pensar), y en tal sentido son capaces de dejar de amar si no se sienten amadas. Una paciente me decía: "En cuanto supe que no me amaba lo dejé de amar instantáneamente. Qué se habrá creído el muy idiota". Un *clic* basado en el orgullo, aún no estudiado por la ciencia, que hace que el amor no correspondido pierda su sentido. Afortunados quienes lo logran.

Si crees que el amor lo justifica todo y que amar es tu principal fuente de realización, el amor se convertirá en una obsesión y no serás capaz de renunciar al afecto o a tu pareja cuando debas hacerlo. La máxima es como sigue, así el miedo y el apego te bloqueen la mente y ablanden tu corazón: no importa cuánto te amen, sino cómo lo hagan. El buen amor es un problema de calidad total.

Cuando estás en una relación en la que no te aman como quisieras o no te respetan, pero sigues allí aferrada o aferrado pese a todo, esperando el milagro de una resurrección imposible, pasaste los límites del amor razonable e inteligente. Existe un punto donde la línea de lo no negociable se desdibuja y perdemos el norte.

Este libro habla del amor de pareja y está dirigido a todas aquellas personas que quieren vivir el amor de una manera más tranquila y sosegada y sin tanta irracionalidad. El mensaje es que no necesitas "amar el amor sobre todas las cosas" para vivir en pareja y que hay límites a partir de los cuales el amor se transforma en enfermedad o adicción. Para amar no debes renunciar a lo que eres. Un amor maduro integra el amor por el otro con el amor propio, sin conflicto de intereses: "Te quiero, porque me quiero a mí mismo, porque no me odio".

Y si amarte implica aniquilar mi autoestima, prefiero la compañía de mi vieja amiga, la soledad.

El libro está dividido en cuatro partes, que puedes leer en orden o puedes empezar por cualquiera de ellas. En la primera, me refiero a los límites del amor saludable, y resalto cómo y por qué se nos va la mano en el amor. Las preguntas claves son: cuáles son los límites del amor y cómo podemos identificarlos. En la segunda parte, analizo por qué nos cuesta tanto ponerle límites al amor y me concentro en algunos pensamientos negativos responsables (sobre el amor, sobre uno mismo, sobre los mandatos sociales y sobre el futuro). En la tercera parte, "Contra el sacrificio", hago una diferencia entre la entrega irracional, autodestructiva y denigrante que promueve la cultura de la abnegación, con especial énfasis en el papel de la mujer (síndrome de la nodriza, la *geisha* y la empleada) y la dedicación saludable, que sugiere amar sin renunciar a uno mismo y sin olvidarse de la pareja; también señalo una diferencia entre el individualismo responsable y el individualismo irresponsable. En la última parte, relaciono el amor con los valores y los derechos humanos, partiendo de dos pilares fundamentales: el amor democrático y el amor digno. Finalmente, presento una guía reflexiva para aprender a amar sin renunciar a lo que somos.

Necesitamos hacer una revolución afectiva, y esto es válido para ambos géneros. Para lograr modificar los paradigmas que tenemos sobre las relaciones afectivas, debemos revisar nuestras concepciones tradicionales sobre el amor en general y el amor de pareja en particular, a la luz de un conjunto de valores renovados. En realidad, no sé si Dios es amor, pero de lo que estoy seguro es de que el amor interpersonal, el que nos profesamos en el día a día, aquí en la Tierra, está bastante lejos de cualquier deidad.

Espero que este libro guíe al lector y a la lectora a aterrizar el amor en algún corazón que valga la pena y los lleve a descubrir que la experiencia amorosa es un arte que habita un punto medio, tan cerca del corazón como de la razón.

PARTE I:

# LOS LÍMITES
# DEL AMOR SALUDABLE

"Haría cualquier cosa por ti, si me lo pidieras". ¿Quién no ha dicho esta frase alguna vez en su vida, bajo el efecto hipnótico del enamoramiento? ¿Y cuántos no se han arrepentido luego? Amor sin límites, sin condicionamientos, libre de pecado y más allá del bien y del mal. Existir para el otro, vivir para el amor, consagrarse a él y realizarse por medio suyo, junto a la persona amada. Y si eres mujer, la cosa es peor: "Estás hecha para amar", afirmaban sin pudor pensadores de la talla de Rousseau y Balzac.

Amar hasta reventar, hasta agotar reservas, hasta "morir de amor", como cantaba Charles Aznavour. Romanticismo a ultranza, descarado, febril, ilimitado, que todo lo justifica, hecho para valientes, para quienes están dispuestos a entregarse hasta la médula y sin recato, no importan las consecuencias. La consigna del amor irracional es terminante: si no hay abdicación del yo, si la subordinación al amor no es radical, entonces ese amor no es verdadero. "Sacrificio y amor van de la mano", dice la sabiduría popular, porque así fue concebido por la civilización desde los comienzos. ¿Que ya está pasado de moda, que el postmodernismo ha erradicado totalmente tal concepción? Lo dudo. Pienso que la exigencia de un amor irrevocable y sometido al otro sigue tan vigente como antes, aunque más solapado y maquillado por las reivindicaciones y conquistas sociales, sobre todo las feministas. Estoy de acuerdo con el sociólogo Gilles Lipovetsky cuando afirma que aunque se ha intentado desmontar el culto femenino al amor, la tan anhelada revolución afectiva aún está en pañales. Las mitologías del amor, como veremos más adelante, además de ser altamente nocivas para la salud mental, todavía están presentes en el imaginario de infinidad de mujeres.

En general, la mayoría de la gente que me consulta lo hace porque tiene un problema relacionado con un amor mal manejado, por un sentimiento que nos envuelve y nos controla. Y de estas consultas psicológicas, el ochenta y cinco por ciento son de mujeres. Obviamente no se trata de vivir sin amor y negar el hecho de que en algunas relaciones, tal como decía Roland Barthes en su libro *Fragmentos para un discurso amoroso,* "arder" es mejor que "durar". Nadie desdeña la experiencia amorosa en sí misma, sino las terribles secuelas de su idealización sin fronteras. Los mitos, en psicología cognitiva, son ideales inalcanzables, salidos de toda posibilidad y anclados en un "deber ser" definitivamente contraproducente y sin sentido. No se trata de destruir el amor, sino de reubicarlo, ponerlo en su sitio, acomodarlo a una vida digna, más pragmática e inteligente. Un amor justo y placentero que no implique la autodestrucción de la propia esencia, ni que excluya de raíz nuestros proyectos de vida. El amor no lo justifica todo, no es Dios, aunque hayamos establecido esa correlación a través de los tiempos.

"¿Por qué no lo deja, señora? ¿Por qué no se salva y escapa a la indiferencia y el maltrato psicológico que la están destruyendo? ¿Por qué sigue ahí, si sabe que él la engaña con otra mujer?" La respuesta es patética: "No puedo, lo amo".

Si el amor, en cualquiera de sus formas, se nos presenta como la máxima aspiración de vida, no podremos vivir sin él y haremos cualquier cosa para obtenerlo y retenerlo, independiente de los traumas que pueda ocasionar. Parecería que todo vale cuando se trata del "milagro del amor", o mejor, nada vale o da lo mismo, porque se supone que no hay amor auténtico sin dimisión absoluta. Amor "estoico", dispuesto a todo, cuanto más insensato, mejor. Amor en cantidades apabullantes, desmedido, ahogarnos en él hasta perder el sentido de la proporción y de la propia vida. ¿Acaso no se trata de eso? ¿Acaso el amor no es "lo más sustancial"?, gritan a los cuatro vientos los enamorados del amor. Pues no: el culto al sacrificio sentimental ilimitado es una epidemia que aniquila vidas y al cual nos sometemos inexplicable y embelesadamente como ovejas al matadero. La siguiente frase de Francis Bacon resume esa sensación cuasimística que embarga a los que han sufrido el flechazo: "La naturaleza del amor implica ser rehén del destino".

Una de mis pacientes decidió hacer una huelga de hambre porque su marido no la dejaba tener amigas ni salir con ellas. No apareció en los periódicos y ni siquiera trascendió al barrio, sólo tuvo repercusión en la familia y en la curia. Intervinieron para hacerla cambiar de opinión los suegros, una prima que "sabe mucho de astrología", el cura, el médico de cabecera y, sobre todo, su mamá, la más indignada por la actitud poco "responsable de su hija". Por mi parte, me limité a cumplir el papel de intermediario y vocero de sus reivindicaciones. El marido, cuando se dio cuenta de que la cosa iba en serio, no tuvo más remedio que acceder a los pedidos de su mujer.

¿Qué defendía mi paciente? El derecho a la libre asociación. Cuando en una ocasión le pregunté si no era mejor hablar con él en vez de armar semejante ajetreo, me contestó: "Nunca me escucha, ni me toma en serio… Incluso pensó que era una pataleta mía y que rápidamente se me iba a pasar… En realidad, yo lo quiero mucho, pero esta vez me cansé…". Volví a preguntarle: "¿Y no le parece poco alentador tener que hacer una huelga de hambre para que él acepte que usted es una persona libre y autónoma?" Su respuesta no se hizo esperar: "Puede que usted tenga razón, pero todo este lío produjo en mí un cambio interesante… Las relaciones de poder, como usted las llama, se equilibraron, las próximas discusiones no van a ser iguales… La esclava se rebeló y mostró las debilidades del amo. Si no lo quisiera, ya lo hubiera mandado a la porra, pero así somos las mujeres, nos gusta perdonar. Le estoy dando una nueva oportunidad a la relación. Hay una historia y no todo es malo… No sé, prefiero ver qué pasa. Pero le voy a confesar algo: si la relación no mejora, me di cuenta de que soy capaz de terminar con él sin una pizca de remordimiento. Él lo leyó en mis ojos cuando me pidió que hiciéramos las paces y le contesté que lo amaba, pero que el sentimiento no era suficiente para tener una vida decorosa…".

Independientemente de que estemos o no de acuerdo con el método que utilizó mi paciente o incluso si discrepamos con la idea de mantener un tipo de relación así (v.g. "Si necesitas hacer una huelga de hambre para vivir dignamente con tu pareja, es mejor separarte de una vez"), debo confesar que algunas reminiscencias de los años sesenta y setenta produjeron en mí una fuerte simpatía por la causa de la mujer. Una actitud de choque como ésta trae sus ventajas: el poderoso se baja del pedestal, se reafirma el yo, se pierde el miedo a la autoridad (después de decir "no" a los suegros, la madre, el cura, los hijos y el médico, la fortaleza crece como espuma), se bloquea el abuso del poder y se crean lazos más democráticos. Además, permite reevaluar los sentimientos y ayuda a poner un límite a la relación. Cuando alguien agobiado por la presión del otro y limitado en sus libertades básicas dice sinceramente: "Me cansé", hay que prepararse, porque ha empezado la transformación, un nuevo ser está en marcha.

Aunque en la actualidad, tal como afirmé antes, los valores de realización personal e independencia han comenzado a instalarse en la mente femenina, el paradigma de la "renuncia de sí" o el "ser para el otro", como afirmaba Simone de Beauvoir en *El segundo sexo*, siguen ejerciendo un peso considerable en la manera de pensar de millones de mujeres en todo el mundo. La idea de que ellas son "el pilar de la familia" y que, por tanto, deben estar dispuestas a hacer cualquier tipo de sacrificio para defender la unidad y felicidad del grupo familiar es similar a la del soldado que muere por una causa o el hombre que lo hace por el honor. Valores que son antivalores: el deber de la despersonalización que se sustenta en la sacralización de un amor desmedido. No importa que debas sacrificar estudios, profesión, vida social y hasta las ganas de vivir: si te deprimes en nombre del amor, esa depresión será santificada.

Según esta filosofía amorosa insensata, es apenas natural que los condicionamientos sociales pongan a tambalear cualquier tipo de autonomía. Una de mis pacientes, una abogada prestigiosa que llevaba casada doce años, me aseguraba que sólo podía sentirse realizada cuando su esposo estaba alegre y contento: "Si él está bien, yo estoy bien, es así de sencillo. Sólo quiero verlo feliz". Cuando le pregunté por *sus* necesidades, me respondió: "Verlo bien…". Cuando insistí sobre qué cosa la hacía feliz a ella *independiente* de él, me respondió: "Hacerlo feliz. No quiero otra cosa". La repetición mecanizada de la adicción, perseverar en un amor que se recrea a sí mismo en el otro. Ya no había lugar en su mente para que entrara información discrepante. Su bienestar había quedado, por obra y gracia de un amor totalitario, indisolublemente ligado al estado de ánimo de su pareja: "Tu felicidad es la mía". Recuerdo una canción de Bryan Adams, "Todo lo que hago lo hago por ti", que dice en una sus estrofas:

*Tómame como soy, toma mi vida*
*Daría todo lo que pudiera sacrificar*
*No me digas que no vale la pena*
*No lo puedo evitar, no hay nada que quiera más*
*Sabes que es así*

*Todo lo que hago, lo hago por ti*

En una relación convencional, bajo el amparo de la tradición sentimentalista y el "espíritu de sacrificio", los intereses personales caducan y "vivir para el otro" se convierte en mandato. Amor heroico, inmolación de la propia identidad, que las abuelitas en su sabiduría llamaban "la cruz del matrimonio". En los amores enfermizos, cuya norma es la dependencia y la entrega oficial sin miramientos, el desinterés por uno mismo se convierte en imperativo. Toda forma de independencia es sospechosa de egoísmo, mientras el desprendimiento y el altruismo relamido son considerados un acercamiento al cielo y un pasaporte a la salvación. No sólo hay que vivir para el prójimo, sino también, legal y moralmente, para la persona que supuestamente amamos, sin excepciones.

Dicho de otra forma: la propuesta afectiva implícita que aún persiste en la mayoría de las culturas amantes del amor desesperado, inclusive en muchas de las llamadas culturas "liberadas" o "liberales", sigue siendo la misma que ha caracterizado la historia del amor desde sus comienzos: "Amar es dejar de ser uno mismo". No se trata de vincularse en libertad, sino de desaparecer en el ser amado. Pura absorción.

Si suponemos que el amor de pareja no tiene límites, si hacemos de la abnegación una forma de vida, es apenas natural que no sepamos cómo reaccionar ante cualquier situación afectiva que nos hiera o degrade. Una vez pasamos el límite de los principios, devolverse no es tan fácil porque ya estamos enredados en la maraña de sentimientos que hemos fabricado y en los deberes que hemos asumido. ¿Qué se supone que deberíamos hacer cuando la persona que amamos viola nuestros derechos? Si el costo de amar a nuestra pareja es renunciar a los proyectos de vida en los cuales estamos implicados, ¿habrá que seguir amando? Y si no podemos dejar de amar, ¿habrá que seguir alimentado el vínculo?

Se me dirá que cualquier relación de pareja requiere de aceptación y que la convivencia afectiva implica renunciar a ciertas cosas. Vale. Es apenas obvio que para estar en pareja hay que negociar muchas cosas, sin embargo, el problema surge cuando la supuesta negociación excede los límites de lo razonable, es decir, cuando afecta directamente la valía personal o cuando los "pactos de convivencia" fomentan la destrucción de alguno de los miembros. El *ágape* (compasión) también tiene sus contraindicaciones. Ante un bebé o una persona gravemente incapacitada es natural no esperar nada a cambio. Nadie niega que haya momentos en los que el "yo" pase a un segundo plano, pero si esta ayuda se lleva a cabo de una manera compulsiva, maternal o paternalista, habremos entrado al terrible mundo de la codependencia.

Acoplarse a las exigencias razonables de cualquier relación afectiva, acercarse al otro sin perder la propia esencia, amar sin dejar de quererse a sí mismo, requiere de una revolución personal, de cierta dosis de subversión amorosa que permita cambiar el paradigma tradicional del culto al sacrificio irracional por un nuevo esquema en el que el autorrespeto ocupe el papel central. ¿Amar con reservas? Sí, con la firme convicción de que amarte no implica negociar mis principios.

Donde hay juegos de poder o relaciones de dominancia se necesita la política. Platón definía la política como el arte de vivir en sociedad. El amor de pareja es una comunidad de dos, donde nos asociamos para vivir de acuerdo con unos fines e intereses compartidos. La regulación de la lucha por el poder en la pareja, que puede ser implícita o explícita, del manejo de los conflictos interpersonales es pura política. Mandar y obedecer, rebelarse y desobedecer, golpes de estado de puertas para adentro: las feministas dicen que lo privado también es política. ¡Cuánta razón tienen!

## Capítulo 1

# ¿Hasta dónde debemos amar?: Algunas razones para no seguir

Obviamente, no hasta el cielo. El límite lo define tu integridad, tu dignidad, tu felicidad. El límite de lo aceptable se traspasa cuando tu vocación y anhelos pasan a un segundo plano, cuando la vida comienza a convertirse en algo tan predecible como inseguro, cuando el "ser para el otro" te impide el "ser para ti". Si te pasaste de la raya y estás en el lado oscuro del amor, es probable que quieras regresar a lo que eras antes, a la tranquilidad de aquella soledad bien llevada.

Cuando establecemos las condiciones de un amor de pareja saludable, definimos una zona, una demarcación realista más que romántica, a partir de la cual una relación debe terminarse o transformarse, así el sentimiento amoroso exista. Pasar los límites de lo razonable (v.g. respeto, maltrato, infidelidad, desamor) no implica que el afecto tenga que disminuir necesariamente, sino que a partir de ese punto, el amor por sí solo no justifica ni valida el vínculo afectivo debido a los costos psicológicos, morales, físicos y/o sociales. En una relación de pareja constructiva, lo que en verdad interesa es la conveniencia/congruencia interpersonal, es decir, qué tanto la persona que amas le viene bien a tu vida y qué tanto concuerda con tus metas, intereses y necesidades, e igual para el otro lado. A partir de ciertos límites (cuando no te aman, cuando se ve afectada tu autorrealización o cuando vulneran tus principios) el amor propio y el autorrespeto comienzan a trastabillar y la dignidad personal pierde su potencia, así el amor insista y persista.

*Aclaración importante: Si en verdad, tal como dicen algunos filósofos, el amor "verdadero" no tiene límites intrínsecos, pues, en las relaciones de carne y hueso habrá que ponérselos. Esto no implica "amar menos", sino amar de una manera realista y decorosa. Es cierto que a veces no tenemos el poder de desenamorarnos a voluntad, pero sí podemos dejar de magnificar el amor y alejarnos de una relación afectiva destructiva, así sea con esfuerzo y dolor. Autocontrol, sufrimiento útil, lucidez de una mente pragmática. Dejar el alcohol gustándome el alcohol; dejar la droga, gustándome la droga. Y en una relación afectiva malsana y destructiva, decir: "Te amo, pero te dejo".*

¿Cuándo pierde el amor su sentido vital? Al menos, en tres situaciones: primero, cuando no te quieren; segundo, cuando tu realización personal se ve obstaculizada; y, tercero, cuando se vulneran tus principios. Dicho de otra forma: estaré a tu lado siempre y cuando me sienta amada o amado, pueda llevar adelante mis proyectos de vida y no vulneres mis principios y valores. De no ser así, el amor y la pareja deberán entrar en cuarentena. Veamos cada una de estas situaciones en detalle.

## Cuando no te quieren

¿Por qué seguimos en una relación insana, a sabiendas de que no nos aman? Esperar a que te quieran puede ser una de las experiencias más humillantes y tristes: "Ya no me abraza, ya no se preocupa por mí" o "Nunca me he sentido realmente amada o amado". ¿Qué esperas, entonces? Mendigar amor es la peor de las indigencias, porque lo que está en juego es tu persona, y si el otro, el que está por "encima", acepta dar limosnas, no te merece.

¿Quién tiene el poder en una relación? No es el más fuerte, ni el que tiene más dinero, es el que necesita menos al otro. Si tu pareja puede prescindir de ti mucho más fácil de lo que tú puedes prescindir de él o ella, hay que equilibrar la cuestión. Una persona honesta jamás estaría con alguien a quien no ama para aprovecharse de ciertos beneficios, llámese comodidad, dinero, compañía, etcétera.

Si no te quieren, no es negociable. ¿Qué vas negociar, qué acuerdos vas a proponer si no hay sentimiento, ni ganas ni deseo? ¡Qué mala consejera puede ser a veces la esperanza! En ocasiones, la crudeza de la realidad o la más dolorosa desesperanza nos quita la carga de un futuro inconveniente. Si bajara un ángel y te dijera que tu pareja nunca podrá amarte de verdad, por lo menos como te gustaría, ¿seguirías manteniendo la relación? ¿Qué harías? Para mí es claro que si alguien titubea o duda de que me ama, no me ama. "Dame un tiempo", "Déjame pensarlo" o "No estoy seguro": excusas o mentiras.

*Si es evidente que no te quieren y sigues allí a la espera de la resurrección amorosa, dispuesta o dispuesto a responder a cualquier insinuación, te extralimitaste: estás del otro lado. Y si tu sensación de insatisfacción afectiva persiste a pesar de tus justos reclamos, ya tienes resuelto el problema. No hay dudas: no te aman, y alguien tiene que irse.*

## Cuando obstaculizan tu autorrealización

El psicólogo y humanista Abraham Maslow decía: "Un músico debe hacer música, un pintor debe pintar, un poeta debe escribir, si a final de cuentas quiere ser feliz. Lo que un hombre puede ser, debe serlo. A esta necesidad podemos llamarla autorrealización". Hoy, sabemos en psicología que el desarrollo de las propias capacidades y fortalezas son necesarias para la salud mental. La represión es enemiga de la felicidad.

La pregunta que surge es obvia: ¿por qué motivo el amor que sientes por tu pareja debe impedir la expansión satisfactoria de tus talentos y capacidades personales? Hablo de los deseos que te mueven, de lo que quieres hacer, de tus motivaciones vitales, de lo que te empuja a ser lo que eres y no otra persona.

Todo lo que nos haga crecer como seres humanos, mientras no sea destructivo ni para uno ni para otros, debe llevarse a cabo, si no queremos sentirnos incompletos. No hablo de impulsos patológicos, como las adicciones o las perversiones, sino de esa energía y pulsión de vida que nos hacen más humanos cuanto más las llevamos a cabo. Sin obsesionarnos por ello, la búsqueda de la excelencia (superación no egocéntrica) y el perfeccionamiento (mejoramiento continuo) definen el arte de vivir. ¿Cuál es tu ideal del "yo", tu vocación, tus aficiones, tus querencias, tus gustos, tus sueños, tus proyectos de vida? ¿Por qué abandonarlos? Un amor que exija la castración motivacional e intelectual del otro para que funcione, no es amor sino esclavitud.

Le pregunto a alguien: "¿Cuál es su sentido de vida, señora?" Ella me mira en silencio, piensa un rato y luego responde con una sonrisa: "Mis hijos". Yo insisto: "Y si sus hijos no existieran, ¿qué haría, qué significado tendría su vida?" Piensa otro rato y me contesta: "Ninguno, no tendría sentido". Vivir para otros, con otros y en otros: la simbiosis más allá de la placenta. No hay que destruirse para amar a un hijo. No debo quitarme la vida para producir vida. Mi madre siempre había querido cantar, su voz de soprano me acunó desde niño con un amplio repertorio de canciones napolitanas tradicionales. Una vez me dijo: "Si volviera a nacer, cantaría en la ópera". Y hasta el día de su muerte me hice la misma pregunta: ¿por qué no lo hizo o por qué no lo intentó? La pobreza, la emigración, mi padre, vaya uno a saber; quizás, de haberlo hecho, yo no habría nacido. ¿Un acto de amor? Sin duda, pero hacia sus futuros hijos, no hacia ella.

Una mujer de 37 años se vio enfrentada a un verdadero juicio moral por parte de su familia cuando tomó la decisión de estudiar historia en la universidad. Las críticas llovieron de todas partes, pero lo que más le molestaba eran los cuestionamientos sobre el supuesto abandono a sus hijos: "¿Vas a dejar a los niños sabiendo que te necesitan tanto?", le decían tías y vecinas. Es el chantaje emocional típico a las mujeres que intentan abrirse paso en la vida, que proviene no sólo de los hombres sino también de otras mujeres. Tenía dos hijos varones de catorce y quince años a los que amaba profundamente y no quería hacerles daño. Cuando me planteó el problema de la culpa que sentía, no dudé en responderle: "Si sus hijos a la edad que tienen todavía necesitan la presencia de la madre las veinticuatro horas, los que deberían estar aquí son ellos. Siéntase culpable solamente si ha violado los derechos de alguien intencionalmente. Me pregunto si su marido e hijos "tienen el derecho" a que usted se dedique a ellos de tiempo completo… ". Otros señalamientos de su grupo de referencia giraban alrededor de qué tan útil y productiva podía ser la carrera que iba a estudiar, como si el placer de la vocación no fuera un motivo válido y suficiente. Por ejemplo, un cuñado le sugirió que asistiera a unos cursos de contaduría para ayudarle a su marido en la empresa y así "distraerse un poco". Cuando mi paciente me comentó la propuesta, no pude disimular mi preocupación:

Terapeuta:  ¿A usted le gusta la contaduría?

Paciente:   ¡La odio!

Terapeuta:  ¿Prefiere una carrera universitaria formal o unos cursos de enseñanza informal?

Paciente:   Quiero estudiar una carrera universitaria completa. Siempre fue mi sueño. Me casé muy joven, pero todavía estoy a tiempo… ¿Usted qué me aconseja?

Terapeuta:  Usted no necesita mi opinión, ya tiene todo muy claro.

Hoy día cursa séptimo semestre de historia. No se separó y finalmente la familia en pleno tuvo que resignarse a compartir a la madre, la hija y la esposa con los estudios. "Persevera y triunfarás" es un refrán que no me gusta mucho, porque deja por fuera la virtud de "aprender a perder", sin embargo, debo reconocer que en este caso, funcionó a la perfección.

¿Quieres trabajar en una obra social, aprender a bailar tango, formar parte de Médicos sin Fronteras, meterte de monja o de cura? Pues si es vital, si forma parte de tus necesidades básicas, no lo descartes. Reflexiona sobre ello, haz un balance costo/beneficio y al menos, atrévete a considerarlo seriamente. Lo que te hace evolucionar es un regalo, lo que te lleva a involucionar es un estorbo.

¿Quién debe acoplarse a quién en estos casos? Para mí es indiscutible: el que se opone irracionalmente debe acceder y no a la inversa. Supongamos que tuvieras un hijo varón que quisiera estudiar ballet clásico (recordemos la película *Billy Elliot*) y como padre te negaras debido a tus prejuicios machistas. Pues, para mí es claro que tu hijo no debería renunciar a su vocación para darte gusto. Por el contrario, pienso que deberías ser tú quien se acople a él y generar un cambio en tu manera de pensar. Lo regresivo debe ceder paso a lo progresivo, y es progresivo todo lo que ayude al desarrollo del potencial humano. Parafraseando al filósofo André Comte-Sponville: en cada uno de nosotros reposa una "pulsión de vida" (como lo llamaba Freud), una "tendencia" (*hormé* la llamaban los estoicos), una "propensión a perseverar en su ser" (el *connatus* de Spinoza) o una "voluntad de poder" (para Nietzsche). Allí radica la vida buena, en seguirle la pista a los propios talentos naturales. Alguien podría argüir: "¿Acaso no pueden congeniar ambas cosas: amor de pareja y vocación?" La respuesta es: a veces sí es posible hacerlo. En ocasiones podemos reunir en una misma bolsa afecto y autorrealización, trabajo y placer. ¿Pero, si no se puede…?

¿Por qué existir menos, si podemos existir más? Cuando renuncias a tu sentido de realización personal, a tus necesidades de crecimiento, empequeñeces tu existencia. El humanismo y la psicología positiva sostienen que el desarrollo saludable adopta dos direcciones: autonomía y exploración/apertura. ¿Cómo avanzar en la vida si la persona que amas se resiste a tu crecimiento? ¿Cómo mantener la capacidad de asombro si se te prohíbe reír y conocer el mundo? Mejor una pareja con la cual puedas crecer codo a codo, mejor la coincidencia sobre lo fundamental, así haya variaciones sobre el mismo tema. El psicólogo Carl Rogers aseguraba que el organismo tiene una tendencia, el reto básico de mejorar, realizar y mantener el sí mismo que experimenta. Esta tendencia a la realización gira alrededor de una premisa fundamental: quererse a uno mismo al cubo.

*Si por hacer feliz a la persona que amas renunciaste a tus deseos íntimos, has reprimido tu esencia o has adoptado un look prestado que distorsiona tu verdadero yo, pasaste el límite de un amor saludable. O peor: si ésa fue la "prueba de amor" que te exigieron, no te amaron o no te aman lo suficiente.*

## Cuando vulneran tus principios o valores

¿Qué estamos dispuestos a negociar por amor? Hay cosas en las que no podemos ceder, simplemente porque si lo hacemos, nos traicionaríamos a nosotros mismos. Existe un acuerdo implícito en la mayoría de los pensadores sobre el tema de los valores: el límite de lo negociable es la dignidad personal, es decir, la opción de ser valorado, honrado y respetado. La dignidad tiene que ver con la autonomía y la autodeterminación. Sentirse digno es aceptar que uno es merecedor de respeto. La dignidad es lo que se resiste a la humillación, a la autocondena y a la condena injusta. Es el valor de lo que no tiene precio: ¿cuánto vales?

Emmanuel Kant decía que la humanidad misma es una dignidad y que el ser humano debía ser siempre tratado como un fin en sí mismo y no como un medio. Por eso, la esclavitud se opone a la dignidad, porque el esclavo es considerado una cosa en tanto puede venderse o intercambiarse. Yo agregaría que un ser humano no sólo es valioso en sí, sino *para sí*. Un serrucho o un clavo tiene un valor relativo para quien lo va a utilizar, un valor de uso. Si se me daña o deja de servir, lo tiro a la basura y compro otro, porque el serrucho sierra sólo para quien lo sabe usar. En el hombre y en la mujer eso no se da, los seres humanos actuamos también para nosotros y por eso nuestros comportamientos tienen un significado en sí y para sí. Ésa es la razón por la cual no tienes precio (no tienes un valor de uso) ni se te puede instrumentalizar (tienes un valor intrínseco, independiente de lo que hagas o dejes de hacer).

¿Cómo saber cuándo alguien afecta tu dignidad? Suele ser evidente para quien se autoobserva. Lo que sientes es ira, pero no la rabia del animal cuando le quitan el alimento o lo atacan, sino *indignación*, la cual puede definirse como *cólera ante la injusticia*. Cuando la indignación tiene lugar, sentimos que se ha violado lo entrañable y que los intereses más íntimos y radicales han sido maltratados. El filósofo Theodor Adorno decía que la indignidad se identifica con la tortura, la privación de la libertad, la injusticia, la explotación, la crueldad y la vejación.

La premisa es conservar tu ser moral y negarte a ser objeto. Y un buen comienzo para ello es aceptar que tu pareja no es más que tú, ni más valiosa, al menos en lo que se refiere a la posibilidad de recibir consideración y respeto. Los seres humanos somos iguales en derecho, somos iguales en dignidad, a pesar del culto a la entrega y al sacrificio por amor. Por eso, cuando negocias tus principios y tus creencias fundamentales, así lo hagas por amor a tu pareja, niegas tu condición y dejas de quererte a ti mismo.

Existen, al menos, dos factores clave que afectan la dignidad personal en las relaciones afectivas; pero hay que tener en cuenta que el tema no se agota con esta clasificación.

## Convertirse en un instrumento para satisfacer a otros

El sacrificio que se exige en nombre del amor puede ser una excusa para utilizar al otro para los propios fines. En muchas culturas, el usufructo realizado en nombre del amor ha sido visto como una consecuencia natural del matrimonio: si lo tuyo es mío y lo mío es tuyo, si establecemos una relación sobre la base de la despersonalización y el canibalismo afectivo e intelectual, entonces tu cuerpo es mío, tu mente me pertenece, tu libertad es parte de mi patrimonio, y viceversa. Intercambio de identidades: definitivamente tenebroso.

Tanto los golpes físicos como el maltrato psicológico afectan la dignidad. Sin embargo, mientras que el castigo físico deja marcas y queda registrado en la piel, el maltrato psicológico suele ser invisible para cualquier observador. Juana se quejaba porque su marido la obligaba a tener relaciones sexuales cuando ella no quería. No le pegaba, sino que la hacía sentir culpable o la amenazaba con que la iba a dejar. En una cita, el esposo me comentó: "Esto no es abuso, ni violación ni nada por el estilo. Simplemente es mi mujer y tengo derechos...". El hombre había perdido el norte. ¡Obviamente era abuso! Al considerar solamente sus pretendidos "derechos" y olvidar los de su pareja, cosificaba a su mujer, la utilizaba como un objeto sexual.

> *Si dejas que tu pareja se aproveche de ti o te explote en algún sentido, has traspasado los límites del amor digno. Una cosa es decir que vivo con mi pareja (afirmación democrática respetuosa) y otra muy distinta que vivo mediante ella (afirmación utilitarista y manipuladora).*

De todas maneras, debemos reconocer que cuando la vida está en juego, no siempre es fácil defender la dignidad, pese a que la historia de la humanidad está repleta de personas que lo arriesgaron todo antes de aceptar un trato indigno. No olvides que nadie puede utilizarte y convertirte en un instrumento sin tu consentimiento.

### Perder autonomía

El equilibrio entre "tus derechos" y "mis derechos" es supremamente delicado. Por ejemplo: ¿habría que pedirle permiso a nuestra pareja para salir a algún sitio, desempeñar una nueva actividad o hacer un viaje? Una señora ya entrada en años me decía: "Mi marido es encantador, generoso y nada machista: siempre *me da permiso* para salir". Obviamente no se trata de "desaparecer" sin dejar rastro, es mejor avisar y si hace falta aclarar alguna incomodidad o mal entendido, si lo hubiera, pero, ¿pedir permiso…?

¿Qué tipo de vínculo amoroso puede haber cuando uno de los dos detenta la autoridad para otorgar indultos y aprobaciones de todo tipo? Salir con las amigas o los amigos no tiene por qué terminar en una aventura, y si ésa es la preocupación del que se interpone, es mejor pedir ayuda profesional. Lo que debe pesar a la hora de tomar decisiones no es la ley del más fuerte sino la fuerza de los argumentos. Si todo va bien, tendremos una red de posibilidades funcionando al mismo tiempo: mis planes, tus planes y nuestros planes.

Una paciente recién casada consultó conmigo porque no podía ir a visitar a su familia sin el consentimiento del marido y no sabía qué hacer al respecto. Reproduzco parte de una entrevista que tuve con ella.

Paciente: Estoy sufriendo demasiado, yo quiero ir a visitar a mis padres con más frecuencia, pero él no me deja ir porque dice que mi nueva familia es él.

Terapeuta: ¿Tienes algún problema con tu familia, algo difícil de manejar?

Paciente: Todo lo contrario.

Terapeuta: ¿Dónde viven tus padres?

Paciente: A veinte cuadras de mi casa.

Terapeuta: ¿Por qué le pides permiso a tu esposo para ir? ¿No has pensado en simplemente ir sin preguntarle?

| | |
|---|---|
| Paciente: | Se pondría furioso… |
| Terapeuta: | ¿Te agrediría físicamente? |
| Paciente: | Probablemente me dejaría de hablar. |
| Terapeuta: | ¿Y nada más? |
| Paciente: | ¡Eso es horrible! |
| Terapeuta: | ¿Por qué "horrible"? Lo veo más incómodo que "horrible". |
| Paciente: | ¡Vivir con alguien que no le habla a uno es terrible! ¡No es normal! |
| Terapeuta: | En eso estamos de acuerdo, no es normal. Me pregunto qué es más importante: si tu libertad o que él te dirija la palabra. La aparente fortaleza de él está asentada en tu debilidad, en tu miedo a los silencios. Creo que debes dar la lucha. Si accedes ahora a sus peticiones irracionales, llegará un momento en que no podrás retroceder. Empieza a poner límites… Si no puedes decidir cuándo y cómo visitar a tu familia, no podrás decidir nada… |
| Paciente: | Ya lo he pensado. Creo que una relación debe permitirle a uno ser como es… |
| Terapeuta: | Bueno, depende… Si tu pareja tiene la costumbre de golpearte cada vez que se le antoje, no creo que debas aceptar eso como "normal" y "dejarlo ser", simplemente porque estaría violando *tus* derechos. Ése es el límite. Pero lo que tú pides es lógico y adecuado, así que no estás violando nin- |

gún derecho de tu pareja. Casarse no es enterrar a tu familia consanguínea.

El joven marido nunca quiso asistir a las citas. Finalmente se separaron cuando ella consiguió trabajo, porque el hombre comenzó a prohibirle las "llegadas tarde", así fueran por cuestiones laborales.

## Capítulo 2

# ¿Cómo sabes que
# estás amando irracionalmente?

Aunque pueda parecer evidente para un observador imparcial, en el ojo del huracán, la tormenta no se percibe, el clima parece apacible y tranquilo. El autoengaño y la ignorancia funcionan de manera similar. A veces estamos tan embotados, tan acostumbrados al sufrimiento que no nos damos cuenta. Cuando esto ocurre, el dolor funciona como las termitas: por fuera, la casa luce como nueva, pero mientras tanto sus cimientos están siendo carcomidos lentamente. La mente puede acostumbrarse a la tristeza y a la ansiedad hasta considerarlas "normales".

La señora vive en el tedio más absoluto, pegada a la televisión. Hace un año que no tienen sexo. Él no la golpea físicamente, pero la menosprecia cada vez que puede. Y ella, con un optimismo a toda prueba, afirma: "Mi matrimonio no es el mejor que digamos, pero todavía nos queremos". Y yo pienso para mis adentros: "¡Qué lástima, si no se quisieran, ya se hubiera acabado la relación!"

Si por amor pasaste el límite de lo aceptable, seguramente cada nuevo día se siente como un bajón. Hay un sinsabor permanente que te va matando la alegría. A este respecto, Blaise Pascal estaba en lo cierto cuando decía: "El corazón tiene sus razones que la razón no conoce". Échale un vistazo a las razones de la mente y crúzalas con las del corazón. Es sorprendente cómo podemos insensibilizarnos al dolor y el aburrimiento.

Éstos son tres síntomas de que la cosa no funciona:

• Empiezas a envidiar a otras parejas.
• Se activa el recuerdo de viejos amores.
• Una duda metódica hace su aparición: "¿Me habré enamorado de la persona equivocada?"

Cuando cruzamos los límites de la autoestima, una sensación de falta de completitud, de vacío y encierro vital hace su aparición. Sin embargo, aunque la evidencia de estas sensaciones es contundente, la mente duda y se acobarda. Un combate entre la razón y la emoción tiene lugar: "Pero no todo es malo… Hemos tenido momentos buenos…". Y la confusión alimenta la más cruel de las esperanzas: la posibilidad de que si "el amor todo lo puede", ojalá esta vez sí pueda. Y allí nos quedamos, semanas, meses o años, a la espera de un sueño que nunca se realiza.

Me pregunto: ¿por qué vivir mal? ¿Por qué resignarnos a una vida insufrible e insípida? Y no me refiero necesariamente a las parejas que viven en una guerra cotidiana continua y la decisión de alejarse sería más que obvia, sino a aquellas relaciones que se escudan en un aparente diálogo inteligente, que no es otra cosa que un forcejeo constante y encubierto. El culto a la verborrea consiste en hablar sobre lo que se habla o sobre lo que no se habló pero debería hablarse. En estas relaciones parlanchinas, todo hay que explicarlo, siempre hay algo que justificar o demostrar. Nada ocurre con naturalidad y la vida se va llenando de esclarecimientos e ilustraciones constantes, ejemplos y estadísticas, para convencer al otro de lo que a uno le parece evidente. A una de estas parejas, aparentemente trascendidas, les pregunté si eran felices viviendo juntos, ya que todo terminaba en una polémica. Su respuesta fue al unísono: "¡Nosotros no peleamos, discutimos!" Si la convivencia con la persona que amo termina convirtiéndose en un esfuerzo cotidiano por explicar y justificar todo lo que pienso, siento o quiero, así no haya patadas y gritos, la relación ya va cuesta abajo.

El amor saludable es aquél que se mantiene dentro de los límites razonables de la convivencia inteligente y tranquila y que discurre sin tantos tropiezos ni tanta disputa. ¡Benditos sean los silencios amigables, el consentimiento implícito que acompaña una sonrisa o el gesto afirmativo que no modula! Una buena pareja no habla tanto como la gente cree, sino lo suficiente para mantener vivo el interés.

Una amiga mía se pone feliz cuando el marido se va de viaje: "Soy yo misma, me siento libre, puedo hacer lo que quiera, me visto como se me da la gana, salgo con mis amigas y amigos. Son vacaciones…". Un día le pregunté por qué seguía con él. Su respuesta fue tajante: "¿Y quedarme sola? Él me da seguridad, me acompaña y, además, en el fondo, lo quiero". Pero muy en el fondo, pensé para mí. El costo que paga mi amiga por sobrellevar su miedo a la soledad es estar con alguien que le quita libertad y felicidad. Tres meses de malestar comprimidos, por una semana de placidez: mal negocio. ¿Que el amor no hace cálculos? Pues claro que debe hacerlos, si no quiere ser embestido. Tal como nos enseñó Epicúreo, la felicidad tiene que ver con los balances, no se trata de mezquindad, sino de sabiduría. Recuerdo el caso de un paciente que llegó feliz a la consulta porque la mujer se iba a demorar una semana más en llegar de un viaje. Sobándose las manos, me dijo: "¡Una semana más!" Nunca supe qué fechorías estaba haciendo o planeando el hombre, pero si la ausencia de su pareja lo transportaba a tal frenesí y euforia, era evidente que estaba del lado equivocado del amor.

Algunos indicadores emocionales de haber pasado los límites del amor son: depresión, desgano, constantemente querer estar con otras personas, ansiedad, tedio o aburrimiento, sentirse atrapado, desear la viudez o la separación, sentirse bien y libre cuando la pareja se acuesta a dormir o se aleja, sufrir con cada relación sexual, sentirse humillada o humillado y sentir miedo, entre otras. Lo subyacente a todo lo anterior tiene un nombre: *insatisfacción*.

Plantéate dos preguntas:

- ¿Estás contenta o contento con tu relación de pareja y la vida que llevas?
- Si pudieras cambiar el pasado, ¿repetirías con la misma persona?

Si respondiste dos "sí": todo bien. Uno o dos "no": todo mal.

No siempre nos sentamos a pensar seriamente sobre nuestra relación afectiva, porque "destapar la olla" asusta. El autoengaño tiene sus argumentos: "¿Para qué pensar en mi relación, si mi pareja en verdad me quiere?" Porque tienes derecho a ser feliz. Así de contundente.

Escribe la siguiente frase de Séneca y mantenla a mano, léela, guárdala en la memoria, en la gaveta del automóvil, en la pantalla del computador y trata de que te cale lo más profundo posible:

"Mientras se espera vivir, la vida pasa"

PARTE II

# ¿POR QUÉ NOS CUESTA TANTO PONERLE LÍMITES AL AMOR?

La tarea de marcar límites en el amor suele producir malestar y sufrimiento porque se establece una lucha entre razón y emoción. Una parte de nosotros dice que sí quiere estar allí, totalmente y sin restricciones; y otra parte nos alerta sobre los peligros. Un pie en el acelerador y el otro en el freno, al tiempo. Obviamente, el motor se recalienta y el organismo incrementa significativamente su nivel de estrés debido a una contradicción fundamental entre el principio del placer (lo que me gustaría hacer) y el principio de la realidad (lo que me conviene hacer). La resolución satisfactoria de este conflicto, u obtener un balance saludable entre pensar y sentir, dependerá de cómo nuestra mente procese la información. Si nos dejamos llevar por creencias y pensamientos negativos o disfuncionales, no podremos tomar las decisiones adecuadas para hacerles frente a los amores enfermizos.

Haré hincapié en cuatro grupos de pensamientos irracionales o maladaptativos que alteran nuestro desempeño afectivo normal y nos impiden ponerle límites al amor: pensamientos idealizados sobre el amor, pensamientos negativos frente a uno mismo, pensamientos conformistas frente a los mandatos sociales y pensamientos catastróficos frente al futuro. Estos pensamientos nos empujan a someternos a condiciones afectivas absurdas y dañinas, y otros nos inmovilizan, bloqueando nuestra posibilidad de escape y crecimiento.

Los grupos de pensamientos que mencioné anteriormente corresponden a cada uno de los siguientes capítulos de esta parte. Así, podremos analizar sus implicaciones y alcances por separado.

## Capítulo 3

# Pensamientos idealizados sobre el amor

La cultura de la entrega total y la abnegación sin límites se sustenta en varias concepciones erróneas o mitos sobre el amor. Rendirle culto al amor es entregarse sin pena ni gloria a sus avatares y poner la palanca de control afuera. Doble capitulación: ante el sentimiento amoroso y ante la persona amada. "Me entrego a *ti*, porque *te amo*", como si fuéramos un paquete transportado con la rapidez y eficiencia ya conocida de FedEx. Doble entrega, doble cerrojo.

Los pensamientos idealizados sobre el amor producen al menos tres efectos negativos en la manera de procesar la experiencia afectiva: justifican lo inaceptable o lo peligroso, hacen que nos quedemos anclados en relaciones dañinas bajo los auspicios de una esperanza inútil y crean un choque con la realidad debido a la discrepancia que se genera entre el amor ideal y el amor real.

La mitología del amor romántico se fundamenta en lo que podríamos llamar una filosofía "omni", la cual considera que el amor en general y el amor de pareja en particular son: *omnipresentes* (ocupan todo el ser), *omnipotentes* (todo lo pueden) y *omnisapientes* (fuentes de sabiduría infinita). En resumidas cuentas, si estás enamorado, estás hecho: pleno, poderoso y sabio.

A continuación, analizaré en detalle tres mitos sobre el amor y las consecuencias negativas que genera cada uno de ellos en la manera de sentir y pensar el amor: "Si hay amor, no necesitas nada más", "El verdadero amor es incondicional" y "El amor es eterno".

## "Si hay amor, no necesitas nada más"

Esta creencia considera que el amor romántico (el sentimiento amoroso) basta para que una relación funcione adecuadamente. De ahí el desconcierto de la mayoría de las personas que asiste a terapia por problemas de pareja: "¿Por qué peleamos, si nos amamos?", como si el amor sentimental generara una especie de inmunidad contra las controversias y además hiciera desaparecer los conflictos por obra y gracia del afecto santo. Si tu relación dependiera exclusivamente de la emoción pasional, quedaría sometida a los vaivenes naturales que ofrece cualquier tipo de emoción. ¿Acaso no hay días en que literalmente no soportas a tu pareja y otras en que pareces flotar en una nube ante su presencia?

Reducir el amor al enamoramiento es un error. El amor también se "piensa" y por eso tienes la opción de construir y de reinventar la convivencia con tu pareja. Para resolver los problemas de cualquier relación necesitamos, además del afecto, otras habilidades cognitivas y comportamentales, como, por ejemplo, estrategias de resolución de conflictos, paciencia, gestión pacífica, aprender a ajustar las diferencias individuales, establecer alianzas y acuerdos amorosos y competencias por el estilo. Estar enamorado es una experiencia increíble, pero no basta por sí misma para armonizar totalmente dos egos y lograr la conjunción de valores, intereses y deseos requeridos para vivir bien en pareja.

Tal como lo expliqué en el libro *Ama y no sufras*, cuando amamos de manera inteligente y completa, no solamente actuamos bajo la dirección de *Eros*, también necesitamos ser amigos de la persona amada y preocuparnos por su bienestar: el amor se siente, se piensa y se actúa. El amor pensado es amistad. En ella, la voluntad interviene directamente. Tú no dices me "amisté", cuando haces un amigo o amiga, porque entras a la amistad por la puerta de la elección voluntaria, tienes la posibilidad de escoger a tus amigos. Así debería hacerse, o al menos intentarse, en la relación de pareja. Incluso al comienzo de una relación podemos construir un espacio cognitivo para analizar al candidato o candidata. Recuerdo el caso de Juliana, una jovencita de diecisiete años, que un día llegó a su cita semanal con una buena nueva: "¡Voy a salir el próximo sábado con el hombre de mis sueños! ¡Se parece a Leonardo DiCaprio! ¡Es divino!" Le deseé mucha suerte y le sugerí que tuviera cuidado, ya que parte de su problema era una marcada tendencia a crear apegos. Llegó semitransportada a la siguiente sesión:

Terapeuta: Por tu sonrisa y la manera de mirar me parece que te fue bien en la cita con DiCaprio.

Juliana: ¡Me encantó! ¡Todas mis amigas me miraban! (risa) ¡Se morían de la envidia!

Terapeuta: Bueno, en principio me alegro, pero entenderás que debo hacer el papel de ave de mal agüero… No quiero que vuelvas a caer en malas relaciones, ¿de acuerdo?

Juliana: Sí, sí… Pero todo estuvo bien.

Terapeuta: Convénceme… ¿Nada te molestó?

Juliana: (pensando) No sé qué decir… Algo que no me haya gustado… Bueno, sí, pero no vale la pena… A la hora de pagar, contabilizó todo lo que yo había consumido e hizo dos cuentas, yo pague lo mío y él lo suyo.

Terapeuta: ¿Tiene problemas económicos?

Juliana: No, no creo.

Terapeuta: Recuerdo que en una ocasión me dijiste que no te gustan los hombres tacaños… ¿Es tacaño?

Juliana: Sí, parece… Reconozco que eso no me gustó, pero no tengo que ser machista, ¿o no?

Terapeuta: No se trata de ser machista, sino de tus preferencias. ¿Qué fue lo que pagaste?

Juliana: Dos cigarrillos y una ginebra.

Terapeuta: Bien. Haz el esfuerzo y piensa si hubo alguna otra cosa que te disgustó de su comportamiento.

Juliana: ¡Es tan bello!

Terapeuta: Recuerda que ahora es cuando *Eros* te da un breve compás de espera para razonar. Cuando ya estés flechada, lo cual me parece que será muy pronto, será muy difícil que puedas salirte, si hubiera que hacerlo. Recuerda lo que ocurrió con tu ex novio… Pensaste que lo ibas a redimir de todos los males y ya ves. Bajo los efectos de la ilusión amorosa todo parece fácil, pero más adelante, cuando el enamoramiento merme, lo maravilloso puede convertirse en pesadilla. No quiero que vuelvas a sufrir, todavía estás frágil.

Juliana: Yo sé, yo sé… Hubo algo más: es "mironcito".

Terapeuta: ¿Y eso qué quiere decir?

Juliana: Le gusta mirar a las otras chicas cuando está con una.

Terapeuta: ¿Te importó?

Juliana: Sí, me molestó bastante…

Terapeuta: ¿Qué consejo me darías si yo te contara algo similar?

Juliana: Que ojo con esa mujer…

Terapeuta: ¿Qué vas a hacer entonces?

Juliana: Volver a salir con él. ¡Me encanta!

Terapeuta: Yo sé que te encanta, pero te repito: no puedes olvidar que eres muy vulnerable al amor, te enamoras con una facilidad increíble y con este hombre podrías estar corriendo un riesgo alto. No te gustan los hombres tacaños ni coquetos, sobre todo esto último. Al menos fue una de tus quejas en la última relación.

Juliana: Sí, es cierto, voy a tratar de ir más despacio...

Terapeuta: Te propongo algo: si vuelve a ser tacaño o coqueto, dile lo que sientes. ¡Sé asertiva! Toca el tema, no lo dejes actuar de esa manera como si fueras una mujer sumisa, porque ya no lo eres. Si fueras capaz de estar con él sin enamorarte, me parecería fantástico, pero, ¿eres capaz?

Juliana: Creo que no; el tipo es espectacular. Me parece imposible salir con él sin enamorarme otra vez...

Terapeuta: Simplemente pregúntate si te conviene seguir en el juego. Trata de poner en una balanza el principio del placer y el de la realidad, balance costo/beneficio, como en las dietas. Llevamos seis meses tratando de sanar las heridas que te dejó tu ex. Piénsalo...

Juliana: Hagamos una cosa. Mañana me invitó a salir de nuevo. Si quiere, vuelvo pasado mañana y hablamos. Le prometo que voy a tener presente lo que me dijo: ni tacañería ni coquetería.

Dos días después volvió a la consulta. Su estado de ánimo se veía menos exaltado. Se sentó con desparpajo y me dijo: "Volvió a hacer lo mismo y lo confronté... Le pregunté si siempre era tan meticuloso con el dinero, a lo cual me contestó que las grandes fortunas se hacen cuidando el centavo. Eso me impactó, porque mi abuelo dice lo mismo. Y cuando le pedí que se concentrara en la conversación conmigo y dejara de mirar a cada chica que pasaba, me respondió: 'Te voy a dar un consejo, no te enamores de mí porque las que lo han hecho han sufrido bastante'. ¡Cretino, estúpido! ¡Se me desinfló en un instante! Me queda el consuelo de que yo lo eché primero".

Una buena estrategia defensiva es pensar *antes* de que *Eros* nos atraviese de lado a lado. Luego de la entrevista con Juliana, quedé con la confortable sensación de haberla salvado de un trauma más. Algunos hombres están a la caza de jóvenes "enamoradizas", agazapados en la buena apariencia física y el buen verbo.

Si privilegiamos siempre el sentimiento sobre la razón, estaremos predispuestos a pasar fácilmente de la ilusión a la desilusión. Viene a mi memoria el caso de Claudia, una mujer que un buen día tomo conciencia de cómo la había afectado el amor romántico: "Es increíble, antes todo era hermoso… Estoy asombrada de cómo cambió mi perspectiva ahora que desperté del letargo. Su masculinidad, que tanto me encantaba, ahora me parece puro machismo. Me gustaba que fuera trabajador, pero hoy considero que es ambicioso. Me fascinaba que fuera seguro de sí mismo, pero al cabo de tres años la supuesta seguridad se transformó en testarudez. Y la sinceridad, el valor por excelencia que le había visto al comienzo, se convirtió en agresión y desconsideración. Usted tiene razón, el amor romántico es un arma de doble filo. Ya no sé si lo amo, pero lo importante es que no puedo ni quiero vivir con él". ¿Evolución o involución afectiva la de Claudia? Más lo primero, sin duda. La mente se despeja y "vemos lo que es" o lo que siempre fue: lucidez que aparece cuando el sentimiento le deja espacio a la razón. Repito: si tu vida de pareja dependiera exclusivamente del sentimiento, sería tan inestable y fluctuante como el clima.

Ante una relación pésima tienes dos posibilidades:

- *Pensamiento realista* (así duela): "Nos queremos mucho, pero no podemos vivir juntos".
- *Pensamiento irracional* (así produzca alivio): "Somos totalmente distintos, el agua y el aceite, pero si hay amor, vale la pena intentarlo".

Malas noticias: el amor interpersonal no puede juntar el agua y el aceite, ni multiplicar panes y peces.

Cuando hablo de racionalidad afectiva, sobre todo en las malas relaciones, no me refiero a que debamos "saber" por qué amamos a alguien, sino "por qué" no deberíamos amarlo, que es, sin duda, más importante y esclarecedor.

## "El verdadero amor es incondicional"

Lo que equivale a decir: hagas lo que hagas, te amaré igual. Sin condiciones, en las buenas y en las malas, bajo cualquier circunstancia, en la infidelidad, en los golpes, en la explotación, en el desamor, en el rechazo, en la burla, en la indiferencia, en la profundidad de los infiernos. No importa qué hagas, yo estaré allí, con mi amor siempre fresco, activo, dispuesto… ¿A quién se le ocurrió semejante disparate? ¿Es que en el amor de pareja no intervienen los derechos humanos?

Si decides amar pese a todo y haga lo que haga el otro, la entrega será celestial e irrevocable. Amor reverencial, imposible de cuestionar. ¿Quién puede vivir con semejante compromiso? Juremos menos y construyamos más. Aceptar todo de antemano implica negar la propia conciencia, reprimir el derecho a la protesta y perder de vista los límites que no debemos traspasar ¿Amor incuestionable, amor sometido, amor sin principios? El amor de pareja debe estar condicionado a los mínimos éticos, como cualquier otra relación interpersonal, porque de no ser así, le otorgaríamos al amor la propiedad de transgredir las leyes humanas y universales.

Una de mis pacientes, víctima de un marido abusivo y drogadicto, había decidido separarse pese al amor que sentía por él. Estaba a punto de llevar a cabo su cometido, cuando el hombre, bajo los efectos del alcohol, tuvo un accidente que lo incapacitó varios meses. Ella puso la separación entre paréntesis mientras duró la recuperación. ¿Qué la llevó a no dejarlo en las malas? Una mezcla de amor, compasión y sentido ético. Incluso hoy, que ya está casada con otro hombre, de vez en cuando le tiende la mano a su ex. Se puede amar en el adiós. No ser incondicional o ser condicional no significa hacer una apología al egoísmo y la indiferencia, sino definir límites. Mi paciente fue considerada, no decidió vengarse ni acumuló odio, simplemente tenía la convicción profunda de que no merecía el trato que él le daba. La frase es mágica: "Te amo, pero no puedo vivir contigo". Como ya dije, el amor no garantiza una buena convivencia per se. Cuando adquirió tal convicción, se volvió fuerte: ya podía prescindir de él, así fuera con dolor. ¿Amor pensado? Sin duda. La idea de que el amor debe ser absoluto e ilimitado es irracional, porque un pacto de incondicionalidad rompe las leyes de las probabilidades y el azar, ya que pretende establecer una certeza imposible.

¿Y el amor universal? No está diseñado para una relación de dos, es para todos y, por tanto, no espera nada a cambio. O dicho de una manera más benevolente: no es lo mismo amar a los niños pobres de África que convivir con ellos. La convivencia con la persona que amas requiere de unas variables distintas y a veces en contravía con el amor universal, porque el ego está mucho más involucrado y el deseo también.

## "El amor es eterno"

Felicidad conyugal imperecedera, infinita, inagotable. "Reloj no marques las horas": presente continuo. Si el amor tiene su propia inercia, su propia dimensión temporal, si es inmortal e indestructible, ¿qué papel juega uno en su mantenimiento? Una vez instalado, ¿el amor manda? ¿No puedo acortarlo, alargarlo o modificarlo? Es el síndrome de la asfixia amorosa: el amor no te toca, sino que se incrusta por siempre. Y hay más: si nos gusta el pensamiento mágico o somos amantes de la Nueva Era, el amor puede sentirse en quinta dimensión: no sólo funciona en esta vida, sino en las otras. Fusión total e irremediable, almas gemelas que vagan por el cosmos hasta reencontrarse nuevamente para alcanzar el amor perfecto de Platón, la fantasía de Stendhal o la fascinación a la que aludía De Rougemont.

Por desgracia para los soñadores, el enamoramiento o amor romántico es de tiempo limitado (más a menos, de dos a tres años). El amor pasional, si no haces nada para mantenerlo activo, tiende a bajar; ésa es su dinámica natural. El único amor estable que puedo concebir es aquél que surge de los acuerdos, la amistad de pareja y la afinidad en algunos intereses básicos. Bernard Shaw decía que el matrimonio ocurre: "Cuando dos personas se encuentran bajo la influencia de la más violenta, la más demente, la más engañosa y la más transitoria de las pasiones. Se les exige que juren que permanecerán en ese estado excitado, anormal y agotador hasta que las muerte los separe". ¿Juramos en vano, por ignorancia o por anhelo? Amor prometido, y lo prometido es deuda.

Un pacto inteligente: "Hasta que la muerte nos separe, si todo va bien…". Benjamin Franklin decía: "Ten los ojos bien abiertos antes del matrimonio y medio cerrados después". Llámese casorio, noviazgo o relación de amantes, la "atención despierta", al mejor estilo budista, es imprescindible para sobrevivir en pareja.

El mito del amor eterno lleva implícita la idea de la certeza. Si ya me enamoré y soy correspondido, se acabó definitivamente la soledad y ya no habrá incertidumbre sobre mi futuro afectivo. Zygmunt Bauman, en su libro *Amor líquido*, rebate esta concepción:

> Cuando hay dos, no hay certezas y cuando se reconoce al otro como un 'segundo' soberano, no una simple extensión, o un eco, o un instrumento o un subordinado mío, se admite y se acepta esa incertidumbre. Ser dos significa apenas un futuro indeterminado. (pág. 37)

## CAPÍTULO 4

# Pensamientos negativos
# frente a uno mismo

Los pensamientos negativos frente a uno mismo que pueden alterar las relaciones afectivas y propiciar un amor irracional surgen de esquemas o estructuras profundas que han sido adquiridas durante la infancia. Los pensamientos negativos autorreferenciales explican en gran medida por qué las personas son incapaces de ponerle límites al amor cuando deben hacerlo y defender sus derechos. También explican el surgimiento de un sinnúmero de miedos irracionales.

Para explicar lo anterior, presentaré seis esquemas maladaptativos con sus respectivos pensamientos negativos.

## Esquema de dependencia psicológica

Las personas dependientes se acoplan rápidamente a aquellas figuras que les despiertan la sensación de seguridad y protección. El miedo a perder el soporte psicológico y a no sentirse protegidas hace que se entreguen irracionalmente y persistan en relaciones disfuncionales. Esta dependencia también está asociada con una percepción de incompetencia y baja auto-eficacia, es decir, la idea de que uno no es capaz de enfrentar la vida exitosamente.

En este esquema, los pensamientos negativos frente a uno mismo son del tipo: "Soy débil", "Soy inútil", "Soy un ser indefenso".

Entonces, la conclusión es: "Necesito alguien más fuerte que yo en quien pueda confiar y que se haga cargo de mí".

## Esquema de "inamabilidad" o dependencia emocional (apego)

Lo que define el apego no es el deseo en sí, sino la incapacidad de renunciar al deseo cuando debe hacerse, y debe hacerse cuando alguna de las tres condiciones ya mencionadas están presentes (no te aman, detienen tu crecimiento y/o vulneran tus principios). El sujeto se siente fusionado y profundamente identificado con la persona amada y su estado emocional corres-ponde al del enamoramiento en su fase de mayor frenesí. Estas personas no se sienten queribles y en consecuencia crean una marcada necesidad de ser amados. Dos miedos básicos hacen que se entreguen sin miramientos, así el costo sea la destrucción del propio "yo": primero, el miedo a perder el amor del otro o a no ser correspondido y, segundo, el miedo a que si se rompe la relación, nadie más las volverá a amar. En este caso, la dependencia no está ocasionada por la percepción de debilidad, sino por un proceso anómalo de pura identificación afectiva donde la razón interfiere poco o no interfiere. La distorsión de este esquema es la magnificación e idealización del otro. En ocasiones, el apego se asocia con una historia de deprivación emocional (es decir, privación de afecto), maltrato o abuso.

En este esquema, los pensamientos negativos frente a uno mismo son: "Existo por él o ella", "No soy nada sin él o ella", "No soy querible", "No soy deseable".

Entonces, la conclusión es: "Sin su amor, mi vida no tiene sentido", "Si mi pareja no me quiere, nadie lo hará".

## Esquema de indignidad esencial

Es una variación del anterior. Aquí, la persona no se siente digna de ser feliz, amor incluido. No por razones de atractivo o carencia de habilidades sociales, sino en esencia. Es quizás el peor de todos los esquemas. En lo profundo existe la creencia de que uno no es merecedor de consideración y respeto. La emoción de base suele ser la depresión y la resignación voluntaria a sufrir: "Ésta es la vida que me tocó asumir". La baja autoestima es evidente y la autopercepción gira alrededor de una minusvalía radical, la cual hace que estas personas se sientan menos que los demás. Obviamente, dentro de este esquema, el rechazo afectivo de la pareja y la violación de sus derechos se consideran casi que justificados. El abuso en la primera infancia suele estar relacionado con este esquema autodestructivo y su manifestación es la sumisión y la aceptación resignada de cualquier tipo de humillación.

En este esquema, los pensamientos negativos frente a uno mismo son: "No soy merecedor(a)", "Soy un fracaso", "Soy miserable", "Soy poca cosa".

Entonces, la conclusión es: "Merezco sufrir porque no tengo dignidad", "Es natural que no me amen de la mejor manera".

## Esquema de sufrimiento por abandono

Las personas que han sufrido abandonos afectivos reiterados durante su vida buscan afanosamente la estabilidad y la permanencia en las relaciones. El miedo a volver a sufrir un abandono hace que negocien con sus principios y adopten actitudes de sometimiento. Prefieren el sufrimiento de una mala relación al sufrimiento de la separación, así sea mejor y más adaptativo este último, en tanto puede llegar a liberarlas. La manifestación de este esquema es el pesimismo y la interpretación catastrófica al ver signos de abandono o desamor donde no los hay.

En este esquema, los pensamientos negativos frente a uno mismo son: "A mí siempre me abandonarán", "Nunca podré tener una relación estable", "Soy un perdedor en el amor", "Yo soy responsable de que me abandonen".

Entonces, la conclusión es: "No soportaría sufrir otro abandono".

## Esquema de entrampamiento por culpa

Estas personas, ya sea por obligación o por una responsabilidad mal asumida, se involucran demasiado con su pareja, aun a costa de su propia individualidad. Implica la creencia de que la pareja no podrá sobrevivir o ser feliz por sí sola y por tanto deben hacerse cargo de la misma, pese a sentirse afectiva y psicológicamente asfixiadas o atrapadas. El miedo a que sus decisiones puedan llegar a herir a su pareja o el miedo a sentirse culpables, egoístas o malas les impide iniciar un proceso de independencia y liberación personal. Sienten lástima y angustia por el malestar de la persona que supuestamente aman. Más adelante ampliaré estos conceptos en el apartado de la codependencia y el síndrome de la nodriza. La manifestación de este esquema es la subestimación del otro y la obsesión por tener todo bajo control.

En este esquema, los pensamientos negativos frente a uno mismo son: "Soy una persona mala", "No soy lo suficientemente amable con mi pareja", "Soy egoísta", "No me entrego lo suficiente".

Entonces, la conclusión es: "No quiero ser una persona egoísta, mala o indiferente con mi pareja, no importa el costo para mí".

## Esquema de comodidad/evitación

La creencia de base es: "Más vale malo conocido que bueno por conocer". Las personas que tienen este esquema de pensar son tan cómodas que no soportan la frustración. A todo dicen que sí para evitar el estrés de la confrontación. El miedo al cambio y a sentirse forzadas a enfrentar una nueva situación las hace negociar con cualquier cosa. Prefieren las estrategias de evitación a las estrategias de resolución de problemas. Prefieren vivir mal a incomodarse para alcanzar una meta más saludable y digna. La manifestación de este esquema es la negación del problema, el autoengaño y la represión de recuerdos negativos.

En este esquema, los pensamientos negativos frente a uno mismo son: "No soporto sufrir", "Soy demasiado vulnerable", "No tengo tolerancia a la frustración".

Entonces, la conclusión es: "Soy una persona demasiado cómoda, no quiero sufrir una separación".

## CAPÍTULO 5

# Pensamientos conformistas frente a los mandatos sociales

Nadie duda de que el aprendizaje de las normas sociales es importante para el desarrollo integral de los individuos y por ende de la cultura misma. Sin embargo, algunas pautas sociales, como por ejemplo las relacionadas con el amor de pareja idealizado, pueden resultar contraproducentes si se toman muy a pecho y se ignoran las excepciones a la regla. Si el mandato social no reconoce salvedades, se convierte en un imperativo insalvable o en totalitarismo moral. La palabra clave para flexibilizar los mandatos sobre el amor y la pareja es: *depende*. ¿Hay que luchar por el matrimonio? *Depende*; si la relación afecta mis principios, no. ¿La separación es sinónimo de fracaso? *Depende*; a veces es liberación o una suerte. ¿Hasta que la muerte nos separe? *Depende*; si todo va bien y no se vulneran mis derechos.

Esto no implica asumir una actitud negativa y generalizada frente a todos los preceptos sociales, más bien lo que sugiero es asumir una actitud crítica frente a ciertas exigencias y no tragar entero. Hay cuestiones personales, profundamente idiosincrásicas, que solamente uno puede elucidar. El conformismo o la adecuación ciega a los cánones culturales se llama "normatividad": la creencia de que las normas deben ser respetadas y acatadas a como dé lugar, no importa su grado de irracionalidad o de desajuste con la realidad. El apego irrestricto a las reglas y el miedo a salirse de ellas hace que la capacidad de exploración se vea prácticamente reducida. La gente normativa o conformista no es capaz de tomar decisiones por sí misma y tiene dificultades para ensayar comportamientos nuevos que no estén autorizados por las "buenas costumbres".

Algunos imperativos sociales sobre el amor y el matrimonio, así como ciertas normas de urbanidad afectiva, parecen estar diseñados por fanáticos de la insensibilidad y el autocastigo. Por ejemplo, se exalta la estabilidad afectiva como un valor que se debe emular, así sea "aguante" o simple resistencia, mientras que el placer y la felicidad son vistos como sospechosos de laxitud y falta de autocontrol. Estoicismo amoroso, deberes más que derechos: "Nunca seas un desertor del amor", pero sí un suicida amoroso.

Veamos algunos de los mandatos sociales que nos impiden resolver satisfactoriamente nuestra vida afectiva y ponerle límites al amor enfermo.

## Primer mandato social:
## "La separación es un fracaso"

Es obvio que el paso de la ilusión a la desilusión afectiva impacte negativamente a quien ha decidido entregarse en cuerpo y alma a su consorte. Sin embargo, creo que debemos matizar la cuestión con una buena cantidad de realismo, así los casamenteros se molesten. Algunas separaciones son liberadoras y otras, traumáticas; algunas son dolorosas y otras, placenteras.

Cuando me separé, después de quince años de casado, muchos de mis pacientes no volvieron a las citas porque consideraban que yo había "fracasado en mi matrimonio". Por el contrario, yo veía mi separación como un logro y una segunda oportunidad que la vida me ofrecía. Me había dado cuenta a tiempo, y ella también, de que debíamos seguir nuestros propios caminos. Una buena separación es siempre mejor y más saludable que un mal matrimonio, no solamente para la pareja sino también para los hijos. Como sea, la mayoría de la gente se acercaba a mí con actitud de pésame y demostrándome sentimientos de consideración por la pérdida. Muy pocos me dijeron: "Si ha sido por el bien de todos, mejor".

Ana María era una mujer de 52 años que llegó a mi consulta debido a una depresión moderada. Rápidamente se refirió al motivo de su cita:

Paciente:   Mi hija se separó y estoy muy triste. Apenas duraron un año y medio de casados... Ha sido muy difícil para mí superar esto...

Terapeuta:  ¿Cómo se encuentra anímicamente su hija?

Paciente:   Yo la veo muy bien, a veces está demasiado conten-
            ta, cambió su vestimenta y dice que va a estudiar
            de nuevo. Eso es lo que me impresiona… No le
            importó…

Terapeuta:  ¿Cómo era su ex yerno?

Paciente:   Debo reconocer que no fue un buen marido, ella
            terminó haciéndose cargo de lo económico porque
            a él no le gusta trabajar. Además, no la trataba bien.

Terapeuta:  A ver si entiendo: su hija se separó de un hombre
            que dejaba mucho qué desear como esposo y
            ahora es libre para reiniciar su vida y está contenta
            de encarar una nueva realidad. ¿Por qué está usted
            triste entonces? ¿No debería compartir la felicidad
            de su hija?

Paciente:   ¡Pero se separó! Más bien, debió haber pensado
            mejor antes de casarse…

Terapeuta:  ¿Usted es muy religiosa?

Paciente:   Un poco, aunque no soy una beata, si a eso se
            refiere. Pero ella fracasó en su matrimonio y no
            parece estar consciente de ello.

Terapeuta:  Bueno, pero está "triunfando" en la vida, ¿no le
            parece? Hay mujeres que se demoran años en
            descubrir que pueden empezar de nuevo y otras
            que son incapaces de alejarse de un marido que

las maltrata. Si las cosas son como usted dice, su
hija es muy afortunada.

Paciente: ¿Me va a decir ahora que la separación es un
motivo de festejo?

Terapeuta: Estar feliz y sentirse bien sí es motivo de festejo.

Paciente: Pero la gente… Los hombres que se le acerquen
ahora sabrán que es separada… Su imagen como
profesional… Ella debió haber esperado un tiempo…

Ana María no pensaba en su hija, sino en ella misma.
Tenía un mandato grabado a fuego en su base de datos: "El
matrimonio es bueno, la separación es mala". Estaba tan
obsesionada por las consecuencias sociales, que su mente
no alcanzaba a captar el bienestar que la separación había
producido en su hija.

Mientras respetes a los demás, tienes el derecho de cuestionar los mandatos. Mijail Bakunin afirmaba que ser perso-
nalmente libre "significa no reconocer ninguna verdad que
no haya sido aceptada por la propia conciencia". Insisto: no
sostengo que haya que pasarse los semáforos en rojo porque
"eso me dicta la conciencia". Lo que sugiero es crear la mayor
resistencia posible ante cualquier intento de lavado cerebral y
defender la posibilidad de ser feliz como una opción válida;
ésa es la condición ineludible de la dignidad humana.

## Segundo mandato social:
## "Qué va a pensar la gente si me separo"

Una mujer que se separó hace poco me decía: "No entiendo a la gente… Antes tenía fama de idiota porque aceptaba que mi marido tuviera otras mujeres, pero ahora que lo mandé a la porra y salgo con otros hombres, me critican porque dicen que me comporto como una puta". Conclusión: hagas lo que hagas, la mitad de las personas te va a criticar.

La necesidad de aprobación es una enfermedad que requiere ayuda profesional, y se define como la creencia de que debo ser aprobado y amado por todas las personas significativas de mi comunidad. Es la aprobación como exigencia y no como preferencia. Es agradable recibir refuerzos, pero si se convierte en una necesidad imprescindible, ya estamos en la adicción interpersonal. El pensamiento que impulsa a actuar a estas personas es: "Debo agradar a los demás a cualquier costo".

Si te importa demasiado la opinión de la gente, la buena noticia es que los separados pasan de moda muy rápido. Al cabo de uno o dos meses otra persona ocupará el centro del chisme y tú serás historia. ¿Por qué le das tanta importancia a la opinión de los demás? La gente que te critica no te ayudará a mudarte, a criar los hijos, a conseguir el dinero para pagar el alquiler, es decir, no te servirán de soporte en ningún sentido cuando te sientas mal. Entonces, ¿para qué tenerlos en cuenta?

Una paciente afirmaba que su mayor preocupación cuando el marido le gritaba, la insultaba y rompía cosas era lo que iban a pensar los vecinos. Por eso, la estrategia de la atribulada señora consistía en apaciguar al enfurecido hombre dándole gusto o la razón, así no la tuviera. Buda decía en una de sus parábolas que si alguien te clava una flecha, sería absurdo preguntarte mientras estás sangrando a borbotones cuál fue el ángulo de entrada de la misma, la casta del guerrero que te disparó o de qué material está confeccionada el arma: ¡lo importante es que te estas muriendo! Confundir lo urgente con lo importante es un error típico en el que caen las personas que son víctimas de este mandato social.

La preocupación: "Qué van pensar de mí" crea una personalidad encapsulada, con un marcado bloqueo a cualquier forma de espontaneidad. Un paciente hombre perdía su erección porque su mujer gritaba mucho durante el acto sexual, lo cual, según él, alertaba a los vecinos. Para que el hombre pudiera funcionar, la mujer tuvo que reemplazar sus quejidos por susurros.

Pregunto nuevamente: ¿por qué es tan importante lo que piensa la gente durante un proceso de separación o discusión? ¿Acaso los demás tienen algún tipo de sabiduría de la cual te podrías ver beneficiada o beneficiado? Si estás pendiente de la aprobación de los demás para tomar decisiones, no podrás ponerle límites al amor, porque la gente es especialmente dura con los que se liberan del yugo de un amor enfermizo; no sé si es envidia o moralismo, pero en casi todas partes suele ser así. No necesitas del visto bueno del público para ser feliz. Al que no le guste, que no mire o que se tape los oídos.

## Tercer mandato social:
## "Mi deber es luchar por el matrimonio"

Luchar por el matrimonio implica tener con quién compartir "la lucha". Salvar una relación siempre es un trabajo de dos: si no hay con quién, el problema se hace irresoluble o queda latente.

Una mujer, entre lágrimas, me comenta: "Mi marido tiene una amante desde hace tres años y cada vez que toco el tema me insulta... Pero no me voy a dar por vencida: voy a luchar por mi matrimonio". En otra cita, el marido me dice lacónicamente:"Mi esposa es la madre de mis hijos y la quiero, pero no la amo ni la deseo... Amo a mi amiga y espero poder irme a vivir con ella lo antes posible. Ya le he dicho esto a mi esposa cientos de veces, pero ella insiste en que le dé otra oportunidad".

En la vida, como en el amor, hay que saber perder. ¿No te aman? Verifica la información, tantea el desamor de tu pareja y, si es verdad, nada qué hacer, se acabó. Duele hasta el alma, pero, ¿de qué sirve seguir luchando, si ya se perdió la guerra o si la lucha es indigna? Es más adaptativo reemplazar la resignación negativa (aguantar y tolerar los golpes, las mentiras o los engaños) por una resignación positiva: "Ya no hay nada qué hacer". ¡Qué alivio!

Como ya dije: lo ideal es ser capaz de pasar del sufrimiento inútil, que se genera al estar empantanado en una relación sin futuro, al sufrimiento útil de la elaboración del duelo. No puede ser una norma generalizada la de luchar a brazo partido por cualquier relación, sea buena o mala. La perseverancia también tiene un límite. El mandato de la permanencia afectiva, que tanto defiende la cultura casamentera, hace que millones de personas sigan "durando" y tratando de mantener por obligación relaciones totalmente descabelladas.

¿Luchar o no luchar? *Depende*; si mi dignidad no está en juego y si el esfuerzo se justifica, estaré presente en cuerpo y alma. Salvar lo salvable en la conjunción de la pasión, la amistad y la ternura, sin violencia. El amor es una cuestión de calidad total, lo bueno no "tapa" lo malo. Si tu pareja es tierna por la mañana y te maltrata por la noche, el maltrato no se diluye en el cariño mañanero.

## Cuarto mandato social:
## "La mujer es el pilar de la familia"

Me pregunto: ¿Y el varón? Sin querer ser extremista, es obvio que la sociedad patriarcal ha intentado endilgarle responsabilidades irracionales a la mujer para limitar su crecimiento y someterla. Si la mujer en verdad es el pilar de la familia, nunca podrá actuar pensando en sí misma, porque llevará sobre sus hombros una doble carga: el deber ancestral y el pecado original. ¿Ha cambiado radicalmente la cosa? No tanto como debería, las viejas ordenanzas siguen estando subrepticiamente en el subconsciente colectivo. ¿Cómo olvidar la orden bíblica dada a Eva en el Génesis 3:16?: "Hacia tu marido irá tu apetencia, y él te dominará". Poner la autoestima en manos de otro ha sido la regla; buscar el matrimonio ideal y ser la esposa perfecta, la meta. Esta frase de san Bernardino, un franciscano del siglo XV, sigue vigente en más de un grupo social: "Tal como el sol es el ornamento del cielo, así la sabia y prudente esposa es el ornamento del hogar".

En realidad, los pilares de la familia (no *el* pilar) son *todos* los adultos responsables que hacen parte del grupo familiar: padre, madre e hijos. La idea de que "la reina manda en palacio" es un invento de los reyes para que ellas pudieran sentirse poderosas, un reparto del poder malintencionado para no correr riesgos, pura distracción política. No descarto la posibilidad de que algunas mujeres se sientan orgullosas de ser el sostén moral de la familia y que obtengan una sensación de autorrealización al asumir ese papel. Sin embargo, en situaciones difíciles, cuando el amor ha cruzado los límites de lo aceptable, este mandato puede devolverse como un bumerán y eclipsar la posibilidad de construir una nueva vida.

Sentirse la columna vertebral de la familia lleva, tarde que temprano, a la abnegación total, ya que el costo de no querer asumir el papel asignado implicaría el "derrumbe de la sociedad" o el "sufrimiento de los integrantes de la familia". Culpa y responsabilidad ilimitadas: la mujer es la reserva moral y espiritual de la humanidad. ¡Qué carga! Es evidente que si una mujer se cree este cuento, nunca se dará por vencida frente al desamor y tratará de defender a toda costa su relación de pareja, así muera en el intento. Cada golpe, insulto o desprecio será asumido con la entereza del mártir o la valentía de la heroína. El deber manda y fustiga. Como veremos más adelante, el culto al sufrimiento ha calado muy hondo en la construcción social del imaginario femenino.

## Capítulo 6

# Pensamientos catastróficos ante el futuro

El miedo al futuro y la incertidumbre ante lo que vendrá hacen que muchas personas se paralicen y no sean capaces de tomar decisiones acertadas. ¿Por qué cuando traspasamos los límites del amor maduro y entramos en una relación enfermiza, aun a sabiendas de lo que ocurre, no hacemos nada al respecto? Una de las razones es el miedo al futuro; a lo desconocido, a equivocarse, a sentir culpa, a arrepentirse y a la soledad afectiva. La expectativa de un porvenir incierto hace que se prefiera lo malo a lo posible.

Defender los propios derechos de la pareja, tratar de modificar o acabar una relación enfermiza o reestructurar las relaciones de poder con la persona que queremos, genera estrés e inseguridad en grandes cantidades; sería ingenuo pensar lo contrario. Pero una cosa es ser realista frente al futuro y prepararse para cualquier eventualidad y otra muy distinta generar un trastorno de ansiedad anticipatoria y preocuparse irracionalmente.

A continuación, señalaré cuatro pensamientos negativos frente al futuro que nos impiden ponerle límites al amor inmaduro y dañino.

## "¿Y si me arrepiento?"

Este miedo a cometer un error irreparable adquiere dos facetas: la primera es querer regresar a la relación y que nos digan que no y/o, la segunda, dudar que hayamos hecho lo humanamente posible para salvar la relación. Para no sentirnos mal y abrumados con estos pensamientos, necesitamos tener la conciencia tranquila y la convicción profunda de que hicimos todo lo que estaba a nuestro alcance. El problema es que para algunos, "lo humanamente posible" es definitivamente ilimitado.

Una de mis pacientes logró, después de muchos tires y aflojes, irse a vivir donde su madre porque su marido era un hombre totalmente celoso y asfixiante: le prohibía hablar por teléfono, no la dejaba usar faldas ni maquillarse y no la dejaba tener "amigas separadas" ni salir sola. Cuando llegaba de la calle le olía la ropa interior y vigilaba constantemente su actitud durante las relaciones sexuales. En cierta ocasión, ella se animó a besarlo de una manera más efusiva de como solía hacerlo y de inmediato el hombre entró en furia: "¿Quién te ha enseñado a besar así?", le preguntó indignado. La vida para mi paciente era poco menos que un calvario.

Presa del desespero, la mujer intentó por todos los medios que él aceptara ir a terapia de pareja (en realidad, era él quien necesitaba tratamiento por su marcada celotipia), pero el esposo jamás aceptó. También quiso hacerlo entrar en razón con argumentos lógicos, pero no obtuvo resultados. Al fin, cansada y deprimida, decidió irse. Sin embargo, cuando se instaló en la casa de su madre, las dudas comenzaron a torturarla: "¿Habré hecho todo lo posible?", "¿Me habrá faltado paciencia?" Preguntas que no partían de un análisis objetivo de lo que había sido en verdad la relación. ¡Qué más podía pedírsele a mi paciente! Incluso podría pensarse que aguantó demasiado. Pero, influenciada por su familia y la idea del "cumplimiento del deber", todavía dudaba.

El delirio celotípico necesita ayuda profesional y no son casos fáciles de resolver. El argumento que más la mortificaba era el siguiente: "Si él está enfermo, lo que necesita es ayuda y no abandono. ¿Por qué no seguir intentándolo hasta convencerlo?" Porque el marido no era una santa paloma y cada vez se volvía más peligroso. Una cosa es la *explicación* de por qué el hombre se comportaba de esa forma (describir los hechos) y otra la *justificación* ética de tal o cual comportamiento. La enfermedad del esposo de mi paciente, sin duda, podía explicar en parte la conducta obsesiva, pero no había ningún tipo de justificación para el maltrato psicológico. Hitler también estaba enfermo y muchos asesinos en serie lo están, ¿que no es lo mismo? Pues, en esencia, son parecidos. Los que han vivido bajo un régimen de tortura psicológica saben de lo que hablo. La enfermedad de los celos no exime de responsabilidad a quien la padece, porque muchas de estas personas saben que necesitan ayuda y no quieren aceptarla. ¿Acaso un crimen pasional motivado por los celos debe quedar exonerado moralmente?

En el caso de mi paciente, el cuestionamiento era obvio: ¿arrepentirse de qué? Había que salvarse, ésa era su primera obligación: "el ser para sí". Pero aun con la evidencia a favor y la cruda realidad del maltrato, una duda continuaba mortificándola: "¿Y si le hubiera dado otra oportunidad?" Olvidaba que la "última oportunidad" venía dándose todos los días desde hacía casi dos años. Precisamente, poner un límite racional, amparado en la dignidad u otros derechos, es lo que nos garantiza no entrar en el ciclo interminable de disculpas y disculpados. No niego que haya ocasiones en que la pareja psicológicamente enferma acepte un tratamiento profesional y se produzca una cura significativa, como suele ocurrir en muchos casos de depresión. Sin embargo, para que este proceso se lleve a cabo exitosamente deben darse al menos dos condiciones: primero, pedir ayuda lo antes posible para evitar dañar al otro y, segundo, la persona con el trastorno debe aceptar el tratamiento de manera comprometida y seria.

Cuando le pregunté a mi paciente qué extrañaba de su relación, me dijo: "Los momentos buenos". Entonces le pedí que hiciéramos una lista de los "momentos buenos" y los "momentos malos" en los últimos cuatro meses. Los primeros quedaron consignados en media página y los segundos en nueve tamaño carta. Perdemos el norte fácilmente, la mente nos traiciona e inventamos situaciones que no existen o magnificamos e idealizamos aquéllas que fueron satisfactorias. En una cita, al verla con tantas dudas, le pregunté: "¿Piensas volver con él?" Su respuesta fue: "Por ahora no, quizás más adelante, cuando se tranquilice todo".

¿Qué hacer ante la testarudez afectiva? Realismo en cantidades industriales, ver lo que es, ser valiente, aguantar el dolor y no dejar que la mente caiga en una desviación optimista.

Dos arrepentimientos típicos anticipados que pueden presentarse son:

- *"¿Y si lo extraño?"* Vas a romper tu relación porque no te conviene, no porque lo dejaste de querer. Duele, pero no mata. Al cabo de un tiempo, el corazón se estabiliza. Hasta las relaciones afectivas más terribles tienen "algo" bueno, así que es normal extrañar alguna cosa de la relación. Sin embargo, es más importante el inventario costo/beneficio que los hechos puntuales agradables. Como dije antes, las cosas buenas no tapan las malas, sobre todo si estas últimas afectan los principios y la autorrealización.

- *"¿Y si me siento culpable?"* Piensa bien cómo es tu relación, *toda* la relación y no sólo pedazos aislados. Escribe lo que hiciste y lo que dejaste de hacer. Vuelve a los hechos. Nunca olvides que el límite es el autorrespeto. Hay que enfrentar la culpa: ¿Violaste algún derecho de tu pareja intencionalmente? Si es así, remordimiento y reparación, pero si no, a vivir de nuevo y mejor.

Siempre hay posibilidades de que te arrepientas, por eso, cualquier decisión que tomes debe ser reflexionada y razonable. Deliberación seria y profunda, pro y contra, sin autocompasión ni autoengaño. Eso es lo que se requiere.

## "¿Y si mi ex cambiara su manera de ser y otra persona disfrutara de los beneficios que yo no tuve?"

La peor pesadilla para un separado o separada que aún quiere a su ex pareja es verla felizmente acompañada por una nueva conquista. La pregunta que lo asalta es tétrica: "¿Por qué se ve tan feliz?"

No niego que pueda existir la posibilidad de que otra persona toque un punto que nadie haya tocado en tu ex, pero, para tu consuelo, la probabilidad es muy remota. Cuando el motivo de separación está bien sustentado y tu pareja no es precisamente un dechado de virtudes, ¿de qué beneficios hablas?

Hay dos variantes:

- *Miedo anticipatorio 1.* "¿Y si mi ex volviera a ser como era al principio, dulce y cariñoso o cariñosa?" Pues si esto ocurriera, tienes un motivo más para no volver atrás: no quiso mejorar contigo, sino que decidió cambiar su manera de ser con otra persona. No merece tu amor ni tu complacencia.

- *Miedo anticipatorio 2.* "¿Y si alguien se aprovecha de mi inversión?" Dicho de otra forma: "¿Y si después de semejante esfuerzo y tiempo invertido, llegara cualquier idiota y disfrutara lo que yo no pude? ¡Qué horror!" Pensamiento racional: pero a ti no te interesa disfrutar a tu ex, ya no lo amas o no te conviene. ¿A qué disfrute te refieres? Si te alejaste, fue precisamente porque la relación estaba mal, porque era destructivo para todos. Entonces: ¿volver a dónde? ¿Volver a qué?

Esta manera de anclarse al pasado es terrible, porque muestra que la persona sigue aferrada al otro y aún considera que le pertenece en algún sentido, como si el amor se tratara de una franquicia. No se puede empezar una vida satisfactoria sin hacer borrón y cuenta nueva.

## "La esperanza es lo último que se pierde"

Este pensamiento está ligado al futuro porque lleva a perseverar y esperar. ¿La esperanza es lo último que hay que perder? Si estoy en una isla desierta, es posible que la esperanza de que me encuentre un barco o un avión me conserve en pie y con ánimo. Pero si estoy en una relación destructiva con pocas probabilidades de mejoría, la esperanza puede mantenerme allí eternamente. En este caso, la esperanza es lo primero que habría que perder y no lo último y, de ser posible, reemplazarla por un realismo de línea dura, así no nos guste. La esperanza es la creencia de un futuro prometedor: si está sustentada en hechos y es racional, bienvenida, pero si es una quimera, una ilusión sin sentido que me impide avanzar en la vida, hay que desprenderse de ella.

Si ya no te ama: ¿para qué la esperanza? Si la relación que tienes impide tu autorrealización, ¿tendrías que mantener la esperanza de una supuesta liberación? ¿Y por qué no hoy, ya, ahora? Si la persona que amas viola sistemáticamente tus derechos, ¿habría que alimentar la esperanza de que un buen día recapacite y te deje de maltratar? ¿Y mientras tanto?

Si no hay esperanza, habría certezas, pero ¿certezas en el amor? No creo que haya, o bueno, al menos una: "La seguridad de que nunca me vas a hacer daño intencionalmente". ¿Certeza de que siempre me amarás? Sería comprometerse más allá del azar y los imponderables. ¿No sería mejor algo más honesto y aterrizado?: "Le colaboraré a este amor para seguir amándote, haré todo lo posible para mantenerlo y hacerlo crecer con fuerza". O incluso, un compromiso miedoso pero necesario: "Puedes tener la certeza de que si algún día alguien me empieza a gustar, serás la primera persona en saberlo".

## "Debe de ser muy difícil empezar de nuevo"

Si estás pensando que lo que viene es terrible, mi respuesta es, una vez más, *depende*. La gente que termina una relación tiende a ubicase en dos extremos: están los que "vuelven a nacer" y se pellizcan para estar seguros de no estar soñando, porque han tenido relaciones espantosas y los que deben elaborar un duelo complicado, porque la relación no era tan mala.

Por lo general, pasados los tres primeros meses, si la relación no fue la mejor del mundo, las personas comienzan a renacer de sus propias cenizas. Pero si la relación era relativamente buena y la ruptura tuvo lugar porque nos cambiaron por otro u otra, la cuestión puede requerir ayuda profesional. En estos casos, aunque la autoestima y el orgullo herido tardan en levantar cabeza, a veces la mejor cura es una nueva relación, cariñosa y tranquila. La ternura tiene un efecto sanador en las almas aporreadas por el desamor o el engaño, incluso más que algunos fármacos.

Algunas personas piensan que: "Más vale malo conocido que bueno por conocer", y de esta manera evitan tener que empezar de nuevo. Lo único que logra este tipo de solución es que el problema se multiplique de manera exponencial, porque lo "malo" se hace "intolerable". Una mujer reincidente con el mismo hombre me decía: "Ya le di una oportunidad a la relación, volvimos a estar juntos, la cosa mejoró un poco, pero yo no siento nada, ya no me interesa. ¡¿Pero cómo me voy a ir otra vez?!" Suele pasar: la lejanía embelleció el vínculo, lo hizo ver más llevadero y gratificante de lo que era, pero el regreso resultó ser un regreso sin gloria. Con el mismo hombre, en el mismo lugar y de una forma similar. Sin agresiones y sin presiones asfixiantes, es verdad; pero también, sin demasiado entusiasmo ni pasión. Algo se rompió, algo hizo *crack* en lo profundo del alma y ya no tiene arreglo. De todas maneras, dentro de lo incómodo y difícil de la situación, mi paciente obtuvo claridad, una certidumbre que siempre fluctúa entre el dolor y la paz interior: "Ya sé que no funciona". La apacible sabiduría del desencanto, que no es tristeza ni alegría, sino verdad.

# PARTE III

# CONTRA EL SACRIFICIO

La cultura de "vivir para el otro", como decía Auguste Comte, y desconocer los propios intereses a costa de la felicidad y el olvido de sí (cosa que sucede en muchísimas relaciones) es un atentado a la salud mental. El culto al martirio, que caracterizó una época en la que los deberes eran más importantes que los derechos, está revisándose a la luz de una nueva propuesta básica: el retorno a uno mismo. Rescatar el "yo" entre las ruinas de una sociedad que privilegió, principalmente en las mujeres, el "ser para el otro" antes que el "ser para sí". Hay que inclinar el péndulo hacia el "sí mismo" y llevarlo del "tú exclusivo" a un "nosotros" más democrático. *Te* amo y *me* quiero, todo a la vez, porque no es incompatible. Para romper el esquema de un *tú* afectivo despótico ("*Tú* eres más importante que yo", "*Tú* tienes más derechos que yo", "Sólo me interesa *tu* bienestar") que exige sacrificios a manos llenas, hay que alimentar un *yo* digno que permita equilibrar el intercambio afectivo y crear un amor de ida y vuelta.

No se trata de aferrarse a un individualismo posesivo y rapaz que desaparezca al otro ("Después de mí, que se acabe el mundo") o de exaltar una autonomía tajante y egocéntrica que raye en la patología. Estamos de acuerdo en que a la autonomía (independencia) hay que completarla con ciertos deberes racionales y necesarios, pero ella misma, per se, no es negociable. Podemos modularla, hacerla más empática y considerada, pero no reprimirla, porque hacerlo sería anular la esencia misma del ser humano. La propuesta, entonces, no es promover una indolencia interpersonal, sino que te incluyas en la relación afectiva salvando el amor propio. Insisto: no significa que no te importe tu pareja, sino que tú también importas. El péndulo va y viene, a veces tú, a veces yo, pero el balance debe incluirnos a ambos. ¿Depende de qué? De la gravedad y/o la trascendencia de tus necesidades y de las mías; de las ganas, de que no haya resentimiento, del sentimiento amoroso, de los principios, de nuestros intereses vitales y así, "viajar" hacia la persona amada sin olvidar la propia supervivencia. Puedes ser solidario y aun así no descuidar tu plan de vida. No necesitas inmolarte psicológicamente para sentir que realmente quieres a tu pareja, no eres ni Romeo ni Julieta, afortunadamente.

Cuando estamos enamorados nos gusta hacer feliz y cuidar a la persona amada. Eso es evidente. Preferimos la proximidad a la distancia, la sensibilidad a la insensibilidad, la cooperación al control, sin embargo, si el amor de pareja no es autoafirmativo, si no promueve la búsqueda y la defensa de lo que es más beneficioso para cada uno, es destructivo. Un amor inteligente busca lo que es provechoso para ambos, pero "ambos" significa dos individualidades, porque aunque lo intentemos una y otra vez y aunque nuestra más oscura fantasía lo anhele, no somos uno, sino dos.

¿Hay excepciones en las que el yo se repliega de manera no enfermiza? Sin duda. Ante la innegable adversidad para uno de los miembros (v.g. enfermedad, estrés laboral, muerte de un familiar, problemas financieros graves), puede estar justificado que el "yo" pase a un segundo plano, tal como dije antes. Pero incluso en estos casos extremos, la ayuda y el cuidado al otro no significan que debamos renunciar a nuestra autoestima.

Negarse a que el estilo de vida personal esté regido por el sacrificio y no aceptar la autodestrucción como prueba de amor implica una transformación positiva en las relaciones. Afirmaciones como: "Vivo para ti", "Soy tuya o tuyo", "Mi felicidad depende de la tuya", declaran abiertamente la muerte de lo personal. En el nuevo paradigma afectivo no se elimina el *yo*; no desaparece, sino que se abre amorosamente hasta incluir a los demás. Estoy de acuerdo en que vivir bien en pareja no supone andar muerto de la risa todo el día, pero tampoco es cultivar la angustia a cualquier precio. El amor saludable no es un voluntariado o una teletón.

Tú y yo somos una continuidad democrática que excluye la esclavitud y la servidumbre. ¿Cómo amarte si no me amo a mí mismo? ¿Cómo dejar que tu amor se refleje en lo que soy, si no me siento merecedor de nada? ¿Cómo respetarme, si dejo que me irrespetes? Nuevamente, el péndulo: inclinarlo hacia uno hasta alcanzar un balance entre el amor ciego a la pareja (el *tú* obsesivo) y la egolatría (el *yo* excluyente).

"No quiero vivir para ti, sino para nosotros", le dice la mujer presa del llanto a su marido, que la mira con extrañeza. "¡Pero si no hago más que darte gusto!", le responde él, entre inquieto y turbado. Yo intervengo: "Bueno, quizás no sea suficiente… Lo que ella pide es tener voz y voto. No se trata de que usted le *dé* gusto o no, sino de que ella también pueda darse gusto a sí misma". La imagen de matrimonio que tenía el señor estaba afincada en un modelo de relación en la que su madre era poco menos que una esclava de su padre y de sus hijos (ama de casa a la antigua). Eran nueve hermanos, todos hombres, y su señora madre había vivido, y aún lo hacía, para un ejército de "príncipes". En el fondo, él esperaba que le rindieran pleitesía y que, de alguna manera, la esposa asumiera la actitud de servicio de su progenitora. Pero su mujer no era del siglo pasado, sus cánones eran otros, sus códigos no transitaban por el calvario de la renuncia y el tormento. Ella también quería ser feliz y no aceptaba convertirse en la nodriza, la *geisha* o la sirvienta de su marido. Rebelión pura y directa, así sea con lágrimas. La relación duró unos meses más hasta que finalmente se separaron. Por lo que sé, el insatisfecho hombre todavía anda buscando una mujer que tenga aquel antiguo "espíritu de sacrificio" materno.

Queda claro entonces que una vida dedicada al sacrificio es autodestructiva e innecesaria para satisfacer las exigencias de la persona amada. Y también queda claro que en los casos especiales, cuando una ayuda constante a la pareja es inevitable y necesaria debido a problemas de fuerza mayor, esta asistencia puede llevarse a cabo con todo el amor del mundo y sin renunciar radicalmente a uno mismo. No es lo mismo prostituirse para satisfacer las "necesidades" eróticas de la pareja, que donarle un riñón para salvarle la vida. Como veremos en los capítulos siguientes, existe una entrega enfermiza, que implica un sacrificio o una abnegación inútil, irracional y destructiva, y existe una dedicación saludable, que implica una preocupación útil, racional y constructiva por la persona que se ama.

## Capítulo 7

# La entrega irracional o enfermiza

La entrega irracional se rige por un culto a la personalidad y la idealización extrema del ser amado: "Mi pareja lo merece todo: consagración y esfuerzo sin límites de mi parte". Aunque la abnegación compulsiva puede llegar a ser altamente dañina para quien la ejerce, es vivida por el donante como una forma de sacrificio "placentero". Lo que rige la conducta del sacrificio irracional no es la pulsión de vida sino la pulsión de muerte, una forma de involución que hace que el derecho a la felicidad real y completa sea sólo para el adorado o el elegido. Tal como decía Rousseau: "Desgarrar su corazón para cumplir con su deber". Por eso, no debe extrañarnos que de tanto sufrir los rigores de una entrega que aprisiona el yo y de tanto consagrarse a la misión de subalterna o subalterno, la costumbre vaya calando y gustando.

Maquiavelo decía que al Príncipe le convenía primero ser temido y luego amado. En algunos trastornos psicológicos y afectivos, el amor está enganchado firmemente al miedo: temer a la persona, para luego amarla. Muchos esclavos en Grecia y Roma preferían sufrir los más espantosos tormentos antes de traicionar la confianza del amo y los mártires cristianos morían cantando y en pleno éxtasis mientras eran devorados por los leones. ¿Enamorarse del poderoso o del depredador? Es posible; el lavado cerebral también está presente en las relaciones afectivas. El mecanismo consiste en menospreciar a la pareja hasta que ésta se lo crea: "Tú vales lo que yo diga que vales, y vales poco". ¿Masoquismo? No estoy seguro. Más bien ignorancia y confusión: "Es verdad, soy menos que tú, y por eso me *honra* servirte". Amor de plebeyo, amor padecido.

Una paciente que sufría maltrato por parte de su jefe (insultos, críticas agresivas, mofa) me confesó: "Si él es amable conmigo, mi día cambia... Si no me trata bien, me deprimo y cometo errores. No sé qué me produce su presencia... Es como una mezcla de admiración y miedo. Quiero agradarle, quiero que me acepte, quiero volverme imprescindible y necesaria para él. A veces creo que lo amo, pero yo no le intereso para nada". Las relaciones de dominancia achican el mundo y las ilusiones quedan ancladas en una realidad tan elemental como patética. Rousseau, otra vez: "No existe un hombre tan fuerte como para dominar todo el tiempo, a menos que transforme la *ley* en su fuerza y en *deber* la obediencia". Entonces: ¿amar u obedecer? No hace falta tener mucha imaginación para asociar las palabras "esposa" y "yugo" con la idea de sometimiento y control policivo. ¿Habrá algo más lúgubre que el "deber conyugal"?

*Aviso de supervivencia: lo que no saben las personas dóciles y obedientes es que la sumisión, con el tiempo, produce fastidio y menosprecio por parte del que manda (necesitar al esclavo no es amarlo). Así que, cuando alabas, suplicas o rindes reverencia a la persona que supuestamente amas para no perderla, estás generando en ella precisamente lo que quieres evitar: saciedad y desamor.*

A continuación, señalaré algunos casos típicos de esclavitud consentida, socialmente admitidos y valorados por la cultura del sacrificio (patologías que aún no están registradas por los sistemas psicológicos y psiquiátricos de clasificación tradicionales). Aunque me concentraré en las mujeres, las más aquejadas sin duda, no excluyo la posibilidad de que algunos hombres también asuman estos patrones de sumisión crónica. Concretamente, haré referencia a la ayuda compulsiva o codependencia (síndrome de la nodriza), la complacencia ilimitada (síndrome de la *geisha*) y la servidumbre hogareña (síndrome de la empleada).

Las mujeres que no son capaces de ponerle límites al amor pueden desarrollar cualquiera de los tres síndromes o todos a la vez, ya que no son incompatibles entre sí. Obviamente, los beneficiarios directos de esta entrega patológica defienden el servilismo de sus mujeres diciendo que no es otra cosa que "virtuosismo" ejemplar. A estos hombres no les interesa para nada que sus parejas tomen conciencia, despierten del letargo y defiendan sus derechos de una manera asertiva. Por el contrario, la peor pesadilla de cualquier varón con complejo de amo, rey o señor feudal es la rebelión de sus súbditos, no sólo porque perdería sus privilegios materiales, sino porque ya no tendría sobre quién reinar. ¿Habrá peor trauma que el de un príncipe sin reino?

*Tres formas de involución: amar la voluntad del amo, admirar o envidiar su despotismo y convertirse en instrumento.*

## Síndrome de la nodriza: La ayuda compulsiva o codependencia

Como ya dije, es natural que tratemos de proteger y cuidar a nuestra pareja, pero si esta ayuda se vuelve adicción, habremos entrado al peligroso terreno de la codependencia. Cuando nos concentramos excesivamente en la pareja, pasamos del auxilio racional a la afectación indiscriminada y de la preocupación sana a la reacción generalizada y permanente. Melody Beattie definió al codependiente como "aquél que ha permitido que el comportamiento de otra persona le afecte y que está obsesionado por controlar dicho comportamiento".

En el caso que nos compete, cuando el amor desborda los límites de la dignidad y la autoestima, algunas mujeres adoptan un estilo afectivo extremadamente protector para con su pareja, convirtiéndose en "nodrizas", "salvadoras" o "terapeutas" del hombre que aman. Y al igual que cualquier madre sobreprotectora, se sienten culpables y ansiosas por cualquier problema que pueda llegar a tener su pareja, lo que las lleva a ejercer altos niveles de control y vigilancia. Amor y dolor, juntos e inseparables: "Si mi tranquilidad depende de que estés bien y eres una persona repleta de problemas, no tengo otra alternativa que resolverlos".

De esta manera, la ayuda compulsiva que caracteriza la codependencia se refiere a los esfuerzos denodados por buscar el supuesto bienestar de la persona amada, a expensas de las propias necesidades. Austeridad con uno mismo, abundancia para el otro. Como si se tratara de una terapia de rehabilitación, las mujeres nodrizas le enseñan a su pareja a vestirse y desvestirse, a cuidarse, a ganar dinero, a ser segura de sí misma, a tener amigos, a controlar sus impulsos y así. Amor higiénico, reinserción y restauración educativa. ¿Amar o necesitar? Si eres nodriza, más lo segundo. El pensamiento que rige la ayuda al otro como sentido de vida es trágico: "Necesito que me necesites", depender de un dependiente.

Ciertas mujeres se sienten especialmente atraídas por hombres débiles, inútiles, con problemas de adicción, acomplejados, fracasados, pobres o que viven "cuesta abajo". Estos varones desprotegidos y abandonados ejercen sobre ellas una extraña fascinación: rescatarlos del pantano y ponerlos en orden. Es el papel de la redentora que confunde el amor con la asistencia social. Para colmo, estos varones en decadencia son supremamente hábiles para detectar y conquistar a cuanta mujer/niñera pase por su lado, basta con mostrar su mejor rostro de chiquillo desvalido. Una vez instalados en el regazo de su mecenas de turno, se aferran a la fuente de seguridad con la típica angustia de separación del niño temeroso. Así, la relación afectiva adquiere tintes de adopción y madrinazgo. La metáfora: la mujer/madre y el hombre/niño.

El asunto se complica con el paso del tiempo, porque la no retribución va generando, en la nodriza amorosa, resentimiento y cansancio, ya que el infante piensa que no tiene nada qué agradecer y mucho qué exigir. Estos varones empequeñecidos se relacionan por medio del chantaje emocional y de las rabietas infantiles. Además, existen dos complicaciones adicionales para la mujer atrapada en estos vínculos casi incestuosos: ¿cómo hacer el amor con un "hijo adoptado" sin entrar en pánico? Y ¿cómo abandonar un "hijo adoptado" sin sentirse mala? Culpa anticipada, miedo y lástima, todo revuelto, con altas dosis de amor maternal y deseo sexual en descenso. Mientras tanto, el espíritu de sacrificio sigue su decorosa marcha; ayuda al por mayor, servicio, donativos y caridad, pese a que la mejoría del varón brilla por su ausencia.

Verónica lleva seis años de casada y antes estuvo cuatro de novia. Tiene una hija de dos años y trabaja como arquitecta en una reconocida empresa de construcción. Ella siempre ha sostenido económicamente el hogar porque su esposo no ha podido establecerse en ningún trabajo. Intentó montar algunos negocios, pero todos fueron un fracaso. El hombre es un tanto idealista y no quiere emplearse porque, según él, "no nació para eso". Dejó la carrera de derecho cuando estaba en tercer año y no ha querido continuar estudiando pese a los ruegos e insistencias de su familia y de Verónica, que se comprometió a pagarle el resto de la carrera. Él aduce que quiere hacer otras cosas, pero cuando ella le pegunta qué le gustaría hacer, no hay respuesta o aparecen vocaciones nuevas, inesperadas y totalmente imposibles de alcanzar, como la de criar caballos de carrera. El joven anda abatido todo el día, duerme hasta tarde, no es amable con ella, no se hace cargo de los quehaceres domésticos y es especialmente exigente con la comida y la ropa. Además, a veces sale de juerga y no llega hasta el alba, lo que le produce a Verónica una angustia tremenda, que la ha llevado en más de una ocasión a buscarlo en los hospitales o a llamar a la policía pensando lo peor. El hombre cada día consume más alcohol y es más agresivo. La última vez la empujó contra un mueble y le lastimó la espalda. Aun así, ella, religiosamente, todos los días lee el periódico y subraya las solicitudes de empleo disponibles, con la esperanza de que él aplique a alguno.

La primera consulta con ella se desarrolló así: "Vengo por mi esposo… El pobre está pasando por un momento difícil. Quiero ayudarlo; él no sabe que estoy aquí porque no cree en los psicólogos. Había pensado en que usted se hiciera pasar por un amigo de mi padre y nos visitara un día. He querido que vaya donde un profesional, pero cuando le digo esto me grita y amenaza con matarse. Tengo miedo de que haga una locura…". No tenía límites. No sólo pretendía que yo me disfrazara (un psicólogo enmascarado como si fuera el Zorro no funciona), sino que hacía caso omiso de su propio padecer. Durante la hora de consulta, nunca hizo mención a su propio agotamiento, su evidente estrés o la posibilidad de mejorar su calidad de vida.

Desde los diecisiete años, Verónica se está haciendo cargo de un hombre que no ha puesto ni un ápice de su parte para tratar de hacerla feliz o al menos tener una coexistencia pacífica y digna. Ella vive más para su marido que para su hija, y sus ambiciones personales no son otra cosa que una prolongación de las angustias y aspiraciones de él. Cuando algunas pocas veces logra pensar en sí misma, se siente egoísta y culpable. Al igual que millones de mujeres en todo el mundo, está convencida de que no debe interponer sus necesidades a las de su familia. No se siente feliz y realizada con el sacrificio diario de vivir con su pareja, pero lo ama y está convencida de que ese sentimiento justifica estar a su lado en la buenas y en las malas (así las "buenas" no se vean por ninguna parte). El hombre/niño o el hijo/marido que Verónica adoptó no ayuda a que lo ayuden. Y quizás esto último sea un punto clave que se debe tener en cuenta cuando haya que tomar alguna decisión afectiva: si tu pareja necesita ayuda, pero se niega a recibirla, es decir, no te toma en serio y no le importa tu sufrimiento, ya no hay nada qué hacer.

¿Hay que aceptar y patrocinar una relación como la de Verónica? ¿Con qué argumentos? Me sorprende cómo, en ocasiones, la cultura ve con buenos ojos este tipo de sacrificio obsecuente y maternal, a pesar de que su conducta consecuente sea casi siempre la explotación y el maltrato psicológico. La mujer/nodriza es considerada desde la antigüedad como un dechado de virtudes: hada del hogar, madre educadora, maestra de maestros y artífice de un amor que promulga la sacralización del sacrificio.

La verdadera maternidad, es decir, la que no está dirigida a la pareja sino a los hijos, ha resistido las más acérrimas críticas, incluso de las feministas, y sigue siendo para muchas mujeres motivo de realización personal. Lipovetsky en su libro *La tercera mujer* dice:

> En un momento en que las mujeres ejercen cada vez más una actividad profesional, en que los nacimientos se eligen, en que el tamaño de la familias se reduce, las tareas maternas se contemplan menos como una pesada carga que como un enriquecimiento, menos como una esclavitud que como una fuente de sentido, menos como una injusticia que recae sobre las mujeres, que como una realización… (pág. 238)

Pero una cosa son los hijos y otra, la pareja. Trasladar de manera mecánica ese amor biológicamente determinado a la pareja produce una distorsión afectiva conocida como "maternalismo" o "paternalismo". He visto mujeres muy inteligentes tratar de aparentar lo contrario para no contrariar el narcisismo de su pareja. ¿No sería mejor vivir con la verdad a cuestas? ¿Por qué una mujer debe sentirse orgullosa de los éxitos de su pareja y no a la inversa?

No obstante, la experiencia clínica me ha enseñado que muchas "nodrizas" superan más fácilmente la pérdida de su hombre/hijo que al revés. Es posible que más allá del alboroto y la parafernalia, las mujeres codependientes añoren quedarse solas y libres del varón exigente. La conocida frase de Margaret Mead adquiere un especial significado en estos casos: "Cuando los hombres pierden a su mujer, se mueren. Cuando las mujeres pierden a su marido, sencillamente siguen cocinando".

*Pensamiento liberador: "Quiero A-M-A-R-T-E,*
*no C-U-I-D-A-R-T-E".*

La ficha técnica de la entrega irracional que caracteriza la ayuda compulsiva de las mujeres codependientes que sufren del síndrome de la nodriza, es la siguiente:

- *Metáfora*: mujer nodriza/terapeuta/redentora y hombre niño/hijo/débil.
- *Apetencia típica*: varones descarriados, frágiles, enfermos, inútiles e inseguros.
- *Misión básica (meta)*: ayudar, adoptar, lograr la mejoría/superación, producir salud, salvar, resolver, cuidar, conciliar, alimentar, reformar.
- *Método para alcanzar la meta*: control, vigilancia, regaño, ser posesiva, aconsejar, pensar por él, adelantarse a los hechos, disciplinar.
- *Motivación*: sentirse indispensable y esencialmente útil
- *Respuesta masculina*: tristeza, pataleta y culpabilizar a la pareja/nana.

- *Pronóstico*: el varón encuentra otra madre sustituta o ella termina odiándolo y echándolo a la calle.

## Síndrome de la geisha: La complacencia ilimitada

¿Quién no sueña con un amor tranquilizador y pacífico? ¿Quién no ha deseado alguna vez una relación profundamente sosegada? Amor Prozac, Nirvana hecho a la medida y en casa. En realidad muchos hombres no quieren un matrimonio, sino un *spa*, y cuanto más sofisticado, mejor. No desean una esposa o una novia, sino una *geisha* profesional, una cortesana de buena cepa, finamente perfumada y a punto. Aquí la metáfora no es la del hombre/niño, sino la del hombre/rey o el hombre/amo y la mujer/*geisha*. Y lo más curioso: algunos varones logran su cometido.

Estas mujeres asumen el papel de la amada/amante. Expertas en las artes del deleite y la relajación, su meta es hacer que el guerrero deponga las armas y entre al sereno mundo del resabio. Le sirven la mejor comida, le hacen masajes, lo bañan, lo calzan, lo escuchan, lo halagan, lo hacen reír, en fin, crean el ambiente propicio para consentirlo hasta el cansancio, siempre profundamente agradecidas con la vida por tener a su lado al hombre de sus sueños. El comportamiento de complacencia ilimitada forma parte de una estrategia compensatoria que intenta darle un plus a la relación afectiva para evitar que algún día se llegue al desamor.

Cuando les pregunto a estas mujeres qué esperan a cambio de semejante entrega, la respuesta es unánime: sentirse deseadas y queridas y volver al soberano, dependiente de ellas.

Terapeuta:  ¿En verdad no espera nada cambio?

Mujer/amante/*geisha*: "No. Me conformo con verlo bien y disfrutando de las atenciones que le brindo".

Terapeuta:  ¿No le gustaría que a veces él también la mimara y la consintiera como usted lo hace con él?

Mujer/amante/*geisha*: No sé, no pienso en eso. Respeto su manera de ser, él es más receptor que dador, ¿me entiende? No lo educaron para dar. La entrega requiere de paciencia, buen humor y vocación de servicio.

Terapeuta:  Bueno, pero no estamos hablando de los niños de Biafra o de los leprosos de Calcuta, sino de un ser humano en particular que puede cambiar y que no sufre de limitaciones básicas. En el amor de pareja siempre se espera retroalimentación, ¿o a usted no le gusta recibir?

Mujer/amante/*geisha*: ¿Por qué insiste con eso? Ya le dije que no espero nada a cambio, que yo no necesito lo que él necesita... Por ejemplo: para él la sexualidad es determinante y para mí el sexo es secundario. Lo único que quiero es que mi relación sea estable.

Terapeuta:  ¿Pero no le gustaría tener orgasmos?

Mujer/amante/*geisha*: Puedo vivir sin ellos, no soy adicta al sexo.

En realidad, podemos sobrevivir con una ración diaria de comida, vivir debajo de un puente y reprimir toda manifestación de sexualidad, sin embargo, no es lo más aconsejable para la salud mental. La mujer que vive para consentir ilimitadamente a su hombre, esperando obtener estabilidad afectiva, se equivoca:

- *Primer error de cálculo*: a diferencia del hombre/niño, el hombre/rey/amo no se siente esencialmente atado a su pareja. Su egocentrismo le impide considerar el punto de vista de su compañera y su encumbramiento le imposibilita hacer conexión con ella. Otorga refuerzos, da golpecitos de espalda, pero le cuesta amar. Es más fácil reemplazar a la mujer/amante que a la mujer/madre: la madre cansa, pero no sacia.
- *Segundo error de cálculo*: las *geishas* también se cansan, también tienen un límite a partir del cual el "yo" se rebela. ¿Cambiar de rey? No, más bien dejar la esclavitud. ¿Cómo te das cuenta de que estás llegando al límite? Cuando un día cualquiera te miras al espejo y sientes la piel reseca por dentro o cuando te despierta un sueño erótico a medianoche o cuando un varón democrático te empieza a endulzar el oído y te dejas llevar por el murmullo.

Una de las estrategias preferidas para mantener cautivo al hombre/rey es el cuidado del aspecto físico: esclavitud estética, obsesión por la belleza, carne firme y dispuesta. La mujer/*geisha* es una apasionada de los gimnasios, de la lógica decorativa (vestirse a la moda, joyas), el camuflaje (maquillarse, teñirse el pelo, depilarse con láser) y la reconstrucción (cirugías, bótox y mesoterapia). Todo en aras de ganarle ventaja a la vejez y hacer que su pareja se sienta orgullosa de su cuerpo *sexy*, esbelto y bien proporcionado.

*Admiración lastimera: "Admiro tu peroné, tu rótula, tu tibia, tus muslos, tus caderas, tus senos, tu piel sin arrugas, tus pantorrillas, tus dientes, tu pelo, tu delgadez, en fin, admiro tu composición molecular, tu estructura ósea y tu organismo en general"; el piropo de un cirujano plástico o el encargado del departamento de trasplantes de algún centro médico. ¿Cómo admirar solamente un pedazo de cuerpo y no desvirtuar al otro como ser humano, cómo hacerlo sin volverlo "cosa"?*

¿Y el sexo? Quizás sea el principal objetivo y la mayor fortaleza de la mujer/*geisha*. Entrega por los cuatro costados, *Kamasutra* opcional y personalizado. La meta es atrapar al varón de la cintura para abajo, así haya cierta indignidad en el intento. Maquiavelo enamorado: en el amor, el fin justifica los medios; por eso, el apego corrompe. Para el hombre/rey no hay sujeto del deseo, sólo objeto del placer.

*Pensamiento liberador: "No sólo quiero ser D-E-S-E-A-D-A,*
*sino A-M-A-D-A.*

La ficha técnica de la entrega irracional que caracteriza la complacencia ilimitada de las mujeres que sufren del síndrome de la *geisha,* es la siguiente:

- *Metáfora*: mujer/amante/*geisha* y hombre/rey/amo.
- *Apetencia típica*: varones narcisistas, poderosos, atractivos, ególatras, prestigiosos.
- *Misión básica (meta)*: complacer, consentir, relajar, producir placer, rendir pleitesía, contentar, recrear.
- *Método para alcanzar la meta*: embellecerse y ser atractiva, decir sí a todo, mostrarse siempre alegre, oportuna y de buen humor.
- *Motivación*: sentirse indispensable y deseada.
- *Respuesta masculina*: encumbramiento, distanciamiento, reconocimiento superficial.
- *Pronóstico*: el varón encuentra una cortesana más hábil o la mujer revive la necesidad natural de sentirse admirada y amada y se separa.

## Síndrome de la empleada: La servidumbre hogareña

Ser ama de casa no es una labor de la cual deban avergonzarse las mujeres que la ejercen. Entre otras cosas, en una cultura que aún lleva a cuestas la regulación patriarcal, es muy difícil encontrar una mujer que no sea en lo absoluto ama de casa.

Por lo general, la esposa que trabaja afuera sigue haciéndose cargo de las cuestiones del hogar, los niños y el marido.

El término "servidumbre" debe asimilarse al de sumisión, a una actitud que se opone a la autonomía y la independencia. Por eso, la servidumbre o el servilismo psicológico no debe confundirse con la virtud de la humildad: el humilde no se considera superior, mientras que el servil ha dejado de quererse a sí mismo o ha comenzado a odiarse.

Si estás profundamente convencida de que tu misión en la vida es ser la administradora del hogar, mientras el "dueño" de la "empresa familiar" es tu media naranja, no tienes una relación afectiva, sino una "relación laboral". Sé de matrimonios en los que ella recibe un sueldo de su marido por hacerse cargo de las tareas de la casa (que no es precisamente el proyecto de vida que desea la mayoría de las mujeres o, por lo menos, no conozco a ninguna que se sienta realizada totalmente en actividades como sacudir el polvo, lavar, planchar, limpiar baños y cocinar). Mientras que la *geisha* rinde pleitesía, la empleada rinde cuentas: la metáfora es la del hombre/jefe y la mujer/empleada.

Las mujeres que padecen este síndrome entran en una fase obsesiva de eficacia hogareña, tratando de mantener el grado de exigencia establecido por el hombre/jefe y pasar así el examen diario. Organizar la casa se convierte en un trabajo obligatorio que se revisa con lupa en busca de errores y se analiza con la perspicacia de cualquier protocolo de evaluación del desempeño. ¿La felicidad de ella? Verlo satisfecho con el producto final. Blancura más que blanca, baños con olor a mañanas campestres, pisos resplandecientes, ropa almidonada, meticulosidad en el orden, niños limpios y bien alimentados, en fin, la maravilla triple A, la envidia de cualquier señor feudal: *A*seo, *A*limentación y *A*dministración, todo bajo el mismo rubro afectivo.

El hombre/jefe no quiere una pareja, sino una asalariada con quién tener relaciones sexuales; ojo, no un matriarcado contable, sino una mujer cuyo perfil se acomode a la "filosofía de la empresa". Las expresiones de afecto se reducen a dar retroalimentación positiva sobre los objetivos alcanzados.

Un síntoma confirmatorio de que sufres este síndrome es que cuando todos duermen en casa, sientes un profundo descanso, un alivio de la tensión… No hay exigencias. El silencio reparador al cual te aferras parece una bendición: "¡Al fin sola, al fin puedo pensar en mí!" Es el bienestar en estado puro, la sensación de total libertad que llega con la noche…

Obviamente, no estoy exaltando la indolencia ni la falta de interés por la pareja o la familia, lo que propongo es abolir la servidumbre hogareña en cualquiera de sus formas y reemplazarla por una verdadera división del trabajo, sin escalas jerárquicas, que dignifique la labor de cada quién en su contexto. Tampoco niego que asumir el papel de "servidora" (v.g. servidora pública) en determinadas actividades pueda llegar a ser perfectamente compatible con una actividad digna y necesaria (pensemos en las mujeres que trabajan en Médicos sin Fronteras o en la Cruz Roja Internacional), pero esta actitud de servicio razonable se ve desvirtuada si está regida por una relación de dominancia afectiva y/o psicológica. La entrega irracional y enfermiza empieza en el preciso momento en que acepto que mi pareja y yo no somos iguales en derecho. Una cosa es preocuparse porque la casa funcione bien y otra, actuar como la encargada de un *room service*. Una cosa es conversar sobre los problemas del día y otra, presentar un informe pormenorizado (factura en mano) sobre actividades y gastos, para obtener el visto bueno.

¿Cómo puede sustentarse una relación de pareja en la que el vínculo está regido más por la dedicación a la tarea que por la dedicación a la ternura? Cuando el quehacer doméstico reemplaza el quehacer amoroso, se pasa del afecto al negocio, de la alegría al deber, del relax al ordenamiento contable, del chiste a la seriedad. Entonces ya tienes al gerente en casa.

*Pensamiento liberador: "Quiero A-M-A-R-T-E,*
*no S-E-R-V-I-R-T-E".*

La ficha técnica de la entrega irracional que caracteriza la servidumbre hogareña de las mujeres que sufren del síndrome de la empleada, es la siguiente:

- *Metáfora*: mujer/sirvienta/empleada y hombre/jefe.
- *Apetencia típica*: varones ejecutivos, con don de mando, controladores, metódicos con el dinero, organizados.
- *Misión básica (meta)*: atender, servir, hacer oficios, dirigir

la trabajadora doméstica, rendir cuentas, pasar informes de gasto, vigilar el menú o cocinar, criar hijos, cuidar los intereses hogareños.

- *Método para alcanzar la meta*: trabajar de sol a sol, ser sistemática, obsesiva, autoexigente y perfeccionista, hace cursos de economía casera y de cocina.
- *Motivación*: sentirse indispensable y eficiente, llenar las expectativas del hombre/jefe, recibir felicitaciones.
- *Respuesta masculina*: autoridad y mando, control, vigilancia, exigir resultados y obediencia.
- *Pronóstico*: la mujer termina sintiendo que el jefe abusa de su poder y presenta la renuncia al cargo. El hombre propone mejoras laborales para que ella siga en su puesto.

## Capítulo **8**

# La dedicación saludable:
# Hacia una independencia constructiva

En los últimos cincuenta años, la idea del sacrificio ha tenido el siguiente recorrido: primero, el sacrificio por el sacrificio, que alentaba el autocastigo y el culto al sufrimiento; luego, el sacrificio como deber, justificado en el principio de caridad o generosidad y generalmente mediados por la culpa y, finalmente, la negación a ser héroes, a no mirar la abnegación impuesta como una virtud ejemplar. Hoy, la renuncia a sí mismo dejó de ser un ideal, el *deber conyugal* ha sido reemplazado por el *querer conyugal* y el *amor propio* ya no es incompatible con *amar a otro*. Precisamente, quererse a sí mismo es una de las principales vacunas contra la dependencia, el maltrato y las relaciones de dominancia que vimos antes. La máxima no es: "Te amo, luego existo", sino: "Me quiero a mí mismo, luego puedo amarte".

## El individualismo irresponsable: "No te amo, porque me amo"

La egolatría suprime el espacio afectivo. Ella le recrimina, con razón: "¿Cómo amarte si me eres infiel contigo mismo?"

Al individualista irresponsable le importan un rábano el mundo y los demás. Está concentrado en sí mismo y solamente desea promover sus intereses, así sea a expensas del prójimo. Su regla es: "Sálvese quien pueda". El único compromiso que conoce es el de la propia supervivencia a cualquier costo. Un toque de avaricia y bastante narcisismo definen su personalidad básica. ¿Qué lo motiva? El éxito personal, ser único y especial, sacar la mejor tajada. Es la estructura del narcisista o el sociópata, la ley de la selva tomada en serio y puesta en práctica de manera sistemática. El egoísmo vulgar o el individualismo posesivo se opone al cuidado del otro ciento por ciento: "No me importa lo que te pase". O si a veces aparece alguna pizca de beneficencia, es tan superficial y banal que molesta. La tendencia a la autonomía desenfrenada es clara y destructiva: explotación y utilización del prójimo. Es el típico "idiota moral": al estar concentrado en sí mismo, niega la solidaridad, la reciprocidad, el respeto y la compasión/empatía.

Obviamente, tratar de construir una pareja saludable con una persona con estas características es imposible. De hecho, estos individuos violan sistemáticamente los derechos humanos de su pareja, de manera abierta o sutil.

- Cuando él está enfermo, ella lo cuida. Cuando ella está enferma, él se indigna y arremete contra ella.

- Él siempre se sienta a escucharla pacientemente cuando ella tiene problemas en el trabajo. Un día, el hombre llega abrumado porque tuvo una molesta discusión con el gerente y su esposa le "aconseja" en un tono conmiserativo: "Debes aprender a manejar tus problemas solo".

- Ella siempre le lleva el café por la mañana. Un día la mujer le pide un vaso de agua y él responde: "¿Acaso soy tu sirviente?"

Una mujer le reprochaba a su marido: "No sé por qué te molesta que yo use el automóvil y que tú tengas que irte en autobús. ¿Dónde está el amor que sientes por mí? Además, yo soy mujer…". Obviamente los argumentos no tenían más justificación que la propia comodidad. Las estrategias utilizadas para lograr su cometido eran dos: chantaje emocional ("No me amas de verdad") y hacerlo sentir irresponsable ("No reconoces mi debilidad de género"). Ella se había apoderado del único automóvil de la casa hacía meses y no quería compartirlo, ya que el viaje en autobús era bastante dispendioso.

El individualista irresponsable diría: "¡Vete en autobús o a pie, te hace falta ejercicio!"

El sumiso sacrificado diría: "Usa tú el automóvil siempre que quieras, no me importa irme en autobús".

El individualista responsable diría: "No te gusta ir en

autobús y *a mí tampoco*, busquemos la forma de turnarnos el automóvil o compremos otro".

## El individualismo responsable: "Quererte queriéndome a mí mismo"

Este individualismo no olvida ni niega los derechos de los demás. Recomienda querer para los otros lo que se quiere para sí, previa consulta, ya que no todos tenemos los mismos gustos (ésa es la razón por la cual la beneficencia no se puede imponer sino proponer).

Se trata de congeniar lo tuyo con lo mío, de hacer compatibles las diferencias. El Dalai Lama apoya este punto de vista, cuando dice: "Dependemos unos de otros. Yo lo llamo 'un egoísmo sabio' porque una actitud responsable hacia sí mismo también sirve a los demás. Si pensamos así, ya no hay diferencia entre el interés propio y el interés de la comunidad". La defensa del yo se revierte a la sociedad y el cuidado de uno mismo puede servir como ejemplo o modelo para el cuidado de los otros. El amor propio abre más espacio al amor, lo hace más maduro, más respetuoso, más cómodo.

El individualismo responsable busca fines nobles y esencialmente positivos, ya que promueve una filosofía humanista: "Te amo, porque me amo". Buscar la propia felicidad o el máximo bien no es algo de lo cual tengamos que arrepentirnos luego. Queramos o no, tener una relación afectiva si alguno de los miembros se opone radicalmente al bien del otro es imposible de sobrellevar, a no ser que asumamos la actitud del sacrificio por el sacrificio. Y no hablo de inflexibilidad o engreimiento, sino de actuar a favor de lo que uno es o cree que es o quiere ser, tratando de no perjudicar al otro. Esto es la dedicación saludable.

El *ego* implica supremacía y apoderamiento. Identificarse con las cosas que se poseen ("lo mío") y estimular la grandiosidad. El contenido del ego es egocentrismo, egolatría y egoísmo irracional. En cambio el *yo* es un principio organizativo de la información, es el punto de referencia necesario para poder ubicarme en contexto y definir los parámetros que me permitan moverme mejor en el mundo. Una mente sin "yo" sería una mente despersonalizada, sin capacidad de habitar el tiempo y el espacio. El individualista responsable acepta el "yo", pero no el ego.

Fernando Savater en *Ética como amor propio* afirma:

> Es que este quererse a sí mismo de la voluntad, este querer conservarse y preservarse, querer potenciarse, querer experimentar la gama de posibilidades en busca de las más altas, querer trasmitirse y perpetuarse, es lo que debe entenderse como amor propio. (pág. 329)

La autoestima es un requisito imprescindible del amor de pareja. Piensa: ¿podrías amar a alguien que se odiara a sí mismo, que sólo buscara agradarte las veinticuatro horas, que no tuviera más aspiración que sangrar por tu herida? ¡Qué pesadilla!

Stuart Mill afirmaba: "El individualismo libre es aquél que sabe preservar su individualidad de todo lo que amenaza con borrarlo". *Todo*, amor incluido. ¿Actitud defensiva con la pareja? No, si no hace falta, si no hay amenazas reales a tu integridad física o psicológica. Pero si las hubiera y pensaras que la persona que amas puede ser peligrosa para ti, ¿no sería prudente una pizca de individualismo?

Si te produce algo de resquemor la libertad de parte y parte o eres una persona insegura, preferirás el amor de garrapata. Pero el buen amor, el que vale la pena, se construye mediante la gestión eficaz de dos narcisismos que se aman y no sobre la base de un amor totalmente apegado y despersonalizado.

*Ser para el otro* + *Ser para sí* = *Ser para nosotros*

Jorge llegó a mi consultorio con una lista de quejas sobre la conducta de su esposa Leonor. Sentía que el amor de ella era poco comprometido e indiferente y tenía la firme convicción de que él ocupaba un lugar secundario en su vida. Cuando entrevisté a Leonor, tuve la impresión contraria. Me pareció que tenía claro su compromiso y amaba sinceramente a Jorge. Era una mujer fiel e independiente. Para ella, el matrimonio no implicaba renunciar a sus amigas y amigos, con los cuales salía de tanto en tanto. Podía ir sola a un cine, al teatro o a un restaurante, si Jorge no estaba o si simplemente le apetecía. Las relaciones sexuales eran muy satisfactorias y no había conflictos importantes en la relación, a excepción del malestar de Jorge.

Terapeuta:    Revisemos qué te preocupa realmente de tu pareja, porque mi impresión, luego de las entrevistas que tuve con Leonor, es que ella te ama sinceramente y está muy comprometida con la relación.

Jorge:    No sé que le habrá dicho, pero ella es muy distante.

Terapeuta:    ¿Qué significa para ti ser "distante"?

Jorge:    Que no está conmigo.

Terapeuta:    ¿Físicamente?

Jorge:    Sí y no. Puede estar a mi lado, pero con la mente en otra parte.

Terapeuta:    ¿Puedes explicarte mejor?

Jorge:    No la siento aquí (señala el corazón).

Terapeuta:    ¿Qué necesitarías para sentirla "allí"?

Jorge:    Bueno… No sé, me gustaría que fuera un poco más apegada a mí…

Terapeuta:    ¿Es detallista contigo?

Jorge:    Sí, sí, lo es… Pero…

Terapeuta:    Pero, ¿qué?

Jorge:    Me dice que me quiere, pero no soy indispensable para ella, ¿me entiende? No me hace sentir que soy lo principal para ella.

Terapeuta:    No sé si eres lo "principal" para ella, pero que eres muy importante, no me cabe duda.

| | |
|---|---|
| Jorge: | ¿Se da cuenta? ¡Usted mismo lo confirma! |
| Terapeuta: | ¿Puedes poner más ejemplos de distanciamiento? |
| Jorge: | Cuando está en el trabajo, por ejemplo, no me llama a saludar. |
| Terapeuta: | ¿A saludar? |
| Jorge: | Sí, claro, saber cómo estoy, si todo va bien… A veces la veo tan tranquila y feliz con su trabajo, que empiezo a pensar que me va dejar. |
| Terapeuta: | Tenemos que analizar algo importante. Es obvio que tienes miedo a perderla. Nuestra cultura nos ha enseñado que si no sufren por nosotros, no nos aman. Una mujer tradicional "viviría para ti", pero sería probable que alguno de los dos terminara cansándose de una relación altamente dependiente. Tu esposa es una mujer "individualista responsable". Respeta tus espacios, tiene confianza en ti, no presiona ni manda, pero tampoco se deja mandar. Busca su bienestar sin descuidarte, porque jamás sería irresponsable contigo o con sus hijos. ¿No prefieres una mujer contenta? Leonor no negociaría su libertad ni su autorrespeto, y eso es bueno. Quizás sea la razón por la cual siguen juntos: tú aceptas, así sea a regañadientes, que ella sea libre; sufres, pero te aguantas. Además, jamás violas sus derechos porque eres un hombre respetuoso. Repasa tus creencias sobre el matrimonio y lo que |

realmente necesitas. El individualismo responsable es una forma de querer queriéndose a uno mismo, pero estamos acostumbrados a que en el amor sólo vale la renuncia categórica del "yo". Ella nunca vivirá para ti solamente, debes compartirla con *su* yo y con el mundo, o perderla. Ése es tu reto. ¿No crees que podrías ensayar a ser más independiente y practicar tu propio individualismo responsable para que se encuentren en la mitad del camino?

A manera de resumen, y para que no te genere estrés el tema, te menciono a continuación algunas características básicas que tiene una pareja individualista responsable. Como verás, representan ciertas ventajas importantes:

- Estimula la reciprocidad, para que no se anule el "yo" de parte y parte.
- No descarta emociones como la compasión, la empatía u otros sentimientos de aproximación.
- Promueve el desarrollo del potencial humano.
- Al ser racional y razonable, no renuncia a su sentido de justicia.
- Siempre busca el consenso.
- Por definición, es pluralista, ya que concibe el mundo como un conjunto de autoconciencias entrelazadas.
- Siempre respeta las propias preferencias e inclinaciones, hacia ambos lados.

- Se preocupa por la pareja cuando realmente vale la pena hacerlo, ya que distingue la preocupación sana de la obsesiva.
- Reconoce y exige los derechos humanos.

## En qué quedamos: ¿Egoísmo o altruismo?

Las teorías clásicas sobre este tema postulan o bien que el egoísmo es una condición innata de los seres humanos (Hobbes) o que las personas estamos naturalmente inclinadas a la benevolencia y la simpatía (Hume). Como suele pasar en casi todos los debates, los extremos son válidos solamente para casos excepcionales. La mayoría de nosotros está ubicada entre el egoísmo narcisista y el altruismo de la madre Teresa: ni monstruos acaparadores ni bellas almas. La filósofa Victoria Camps, en el libro *Paradojas del individualismo*, sobre la oposición egoísmo/altruismo, afirma:

> Éstos no son tan dicotómicos, no es fácil distinguir en ellos el puro egoísmo de la voluntad del bien. En la práctica, todo aparece más ambiguo y mezclado, porque en realidad, ni el individuo es tan egoísta ni su razón es capaz de conocer el bien absoluto. (pág. 38)

La vida interpersonal del día a día parece estar más cerca de una teoría pluralista: somos egoístas y altruistas a la vez. Los investigadores han encontrado que los comportamientos benévolos esconden tintes egoístas y que ponen en duda el desinterés total e inexorable. Cuando hacemos el bien, podemos sentirnos alegres ("Me siento feliz cuando hago el bien"), esperar una recompensa a largo plazo ("Iré al cielo"), recibir refuerzo social ("Soy un héroe") o evitar sentirnos mal ("Hago el bien porque sufro con el dolor ajeno"). Cuando le damos un caramelo a un niño para que deje de llorar, no somos altruistas ni generosos, sino pragmáticos.

El problema aparece cuando la entrega entra en conflicto con nuestras creencias y principios. Por ejemplo: si tu pareja te suplica que lo ayudes a conseguir su dosis personal de cocaína, ¿lo harías? Si tu marido te pide que le permitas seguir viendo a su amante por un tiempo porque no es capaz de renunciar a ella, ¿aceptarías? Si tu novio te pide que cambies de profesión porque se siente "desplazado", ¿harías a un lado tu vocación? Si tu pareja "necesita" ir a jugar al casino y te pide parte del dinero que han ahorrado, ¿la complacerías?

La abnegación que practicamos la mayoría de los humanos transita puntos medios, que no necesariamente son lo óptimos. Si aplicamos la fórmula aristotélica, diríamos que para alcanzar un justo medio entre el egoísmo y el altruismo, habría que entregar aquello que consideramos justo, en el momento y durante el tempo apropiado, por un motivo noble y correcto. La virtud de la moderación: razón, buen sentido y sabiduría. La pregunta que surge es apenas obvia: ¿quién es capaz de transitar esos caminos de templanza óptima y no salirse del cauce de vez en cuando? No sé de ninguno.

¿Qué hacer entonces? Una solución elegante es lo que se conoce como altruismo recíproco: yo te doy y espero que tú me des, así sea algún día, no con avaricia, sino en aras de la supervivencia de la pareja o el grupo. Cuando se practica por todos los miembros de una comunidad determinada, el beneficio es general y si la comunidad es de dos, mucho más fácil. No se trata de recuperar necesariamente la "inversión" con creces, sino de cooperar sabiendo que si algún día estoy en las mismas, la retroalimentación estará disponible. A veces *eres tú*, a veces *soy yo*: acuerdo humanitario. No tiene que ser exacto el balance, pero sí proporcionado. Lo importante es que en todo intercambio, los "individualismos responsables" se conecten y trabajen conjuntamente a favor del bien común. Con eso basta. Por tanto, puedes decir un rotundo "no", cuando la exigencia de tu pareja se devuelve en tu contra o afecta tu bienestar y no sentir culpa por ello.

Miguel de Unamuno, en el libro el *Sentimiento trágico de la vida*, plantea una diferencia que resume muy bien lo que quiero decir. Una cosa es afirmar: "Ama a tu prójimo como a ti mismo" (que incluye el amor propio como punto de referencia) y otra muy distinta decir: "¡Ámate!", a secas (lo cual sería una invitación al narcisismo). Por eso, Unamuno se refiere al egoísmo bien entendido como el principio de la "gravedad psíquica", el punto de conexión a tierra donde el yo se consolida.

Recapitulemos:

* "*¡Ámate!*": inducción al narcisismo (tendencia al individualismo irresponsable).

- *"¡Ama a tu prójimo!"*: inducción al sacrificio por el sacrificio (tendencia al altruismo radical).
- *"¡Ama a tu prójimo como a ti mismo!"*: síntesis saludable; suma valorativa. Inducción a la ética como amor propio (individualismo responsable, altruismo recíproco, sabiduría afectiva).

¿Dónde quedan los sentimientos, entonces? Son el motor, la energía de la entrega. En la dedicación saludable, amorosa y sensata, existen tres posibilidades:

- *Congratulación*: "Tu alegría me alegra". (Ojo: cuando la alegría de tu pareja ya no te alegra y/o por el contrario te produce fastidio, ya no la amas).
- *Compasión*: "Tu dolor me duele". (Ojo: cuando el dolor de tu pareja ya no te duele y/o por el contrario te fastidia, ya no la amas).
- *Empatía*: "Me identifico con tus emociones, sean buenas o malas". (Ojo: cuando ya no hay conexión, no hay relación. Si no procesas las emociones de tu pareja, ya no la amas).

El secreto de toda dedicación saludable, en la que nadie sobra y la independencia nos acerca a la persona amada, es la mezcla del individualismo y el altruismo, un poco de cada uno, pero ambos amenizados por el sentimiento del amor.

# PARTE IV

# PONER EL AMOR EN SU SITIO

Poner el amor en su sitio es darle un nuevo significado a la experiencia afectiva. Es obvio que tienes la posibilidad de construir tu relación y modular el sentimiento implicado. No hablo solamente de *eros*, sino además de la conjunción de *philia* y *ágape*, de la convivencia amorosa que no culmina ni se define únicamente en lo pasional. También hay que querer amar, tal como dice la novelista Alice Ferney, también existe una dimensión que incluye esfuerzo y decisión: *el que ama es el cerebro y no el corazón*. Al amor hay que reubicarlo hacia arriba, más cerca de la razón y más lejos de la pretensión omnipotente y sentimentalista que lo ha caracterizado. Un amor fuera de control es definitivamente apasionante para las almas atrevidas y deseosas de emociones fuertes, pero igualmente puede resultar malsano si estamos con la persona equivocada. Obviamente, como ya he dicho antes, no se trata de negar o reprimir el picante del enamoramiento, sino de tener claro que existe una línea delgada que no se puede traspasar si queremos amar saludablemente y disminuir la probabilidad futura de sufrir de manera intensa e innecesaria.

La reestructuración del amor de pareja que propongo sugiere sentir y pensar el amor de otra manera, revisar los principios tradicionales que lo sustentan y transformarlo en una experiencia más humanista y razonable: amor digno, amor ético, amor democrático, amor justo. Darle una nueva cualidad al amor, sin perder su esencia, implica asumir unos valores distintos a los convencionales, cambiar la cantidad por la calidad y destacar que, como lo he mencionado en otras oportunidades, no importa cuánto te amen, sino cómo lo hagan.

¿De qué sirve "tanto" amor, si ese amor te limita y apabulla? Así no haya mala intención (supongamos), así no haya golpes ni patadas, el aburrimiento y el maltrato psicológico pueden destruir cualquier relación. Perderse en un amor que pretende justificarse a sí mismo, que no necesita de ninguna virtud adicional, porque supuestamente ya las tiene todas, no deja de ser un despropósito.

Propongo dos cambios básicos en la manera de concebir el amor:

1.  Revisar nuestra mitología del amor de pareja y reemplazar algunos de los valores tradicionales (fusión/comunión, generosidad y deber) por otros más orientados a fomentar el bien común y más adaptados a nuestros tiempos (solidaridad, reciprocidad, autonomía). Llamaré a esta modalidad *amor democrático* (cuya inspiración es la Declaración de los Derechos del Hombre y el Ciudadano: libertad, igualdad, fraternidad).

2.  Incluir en las relaciones afectivas los derechos humanos, considerando que lo privado, lo que ocurre de puertas para adentro, también debe ajustarse a los principios que definen la dignidad de las personas (respeto, consideración y no dominación). Llamaré a esta modalidad *amor digno* (cuya inspiración es la Declaración Universal de los Derechos Humanos).

Si una relación afectiva se mantiene dentro de los principios del amor democrático y del amor digno, además de contar con el soporte sentimental, será placentera, alegre, incitante y estable. La pasión no tiene por qué perderse y puede seguir siendo horizontal, dentro y fuera de la cama. Si haces el amor "democráticamente", sentirás que tú también cuentas, que tu ser está tan presente como el deseo que te impulsa. Si haces el amor con "dignidad", nunca te convertirás en un objeto sexual. Y una vez asegurados estos dos pilares, podrás enloquecerte hasta donde se te dé la gana, porque existirá en ti la profunda convicción de que no harás lo que no quieras hacer.

## CAPÍTULO 9

# El amor democrático:
# Tres valores guía

Un amor sin valores que lo guíen es un amor a la deriva, desorientado. Y no me refiero a las virtudes convencionales sino a una política del amor, en la cual podamos construir una relación pluralista, flexible y horizontal. Amor de igual a igual, duela a quien le duela. A veces, es conveniente poner el romanticismo en remojo, modular el arrebato que ocurre de la cintura para abajo y analizar con cabeza fría si la relación afectiva en la que estamos vale la pena. No estás pagando una penitencia, por tanto, el primer deber es para con tu persona. Valentía y afrontamiento, así no seamos héroes y sólo estemos sentando precedentes.

Los siguientes valores guía (solidaridad, reciprocidad y autonomía) te servirán para ubicar el amor en un sitio mejor y más gratificante. La ausencia de cualquiera de ellos hace insostenible cualquier relación, por más buena voluntad, que tengan los implicados. Estos principios representan valores centrales, exigencias fundamentales, dentro de las cuales debe moverse el amor de pareja para construir una relación estable y satisfactoria. Por eso, ninguno de ellos es negociable, o al menos no debería serlo para alguien que se ama a sí mismo.

## Primer valor: De la fusión/comunión, al amor solidario

"Mi clon", "mi media naranja", "mi complemento", "mi alma gemela": pura adicción, pura simbiosis. Querer ser uno, donde hay dos, ¿habrá mayor obstinación? Amor de comunión: cuerpo y alma fundidos. Y no me refiero necesariamente a lo sacramental, lo cual es respetable según las creencias religiosas de cada cual, sino a la connotación mística del término. La fusión radical implica tener la misma fe, la misma disciplina y la misma unidad de espíritus. Es apenas obvio que en semejante amalgama de personalidades no haya nada que dividir, ni partición de bienes ni de cuerpos. No habrá "yoes", no habrá individualidades.

Estar fusionado con la pareja es cambiar la autonomía por una conciencia que se pierde en el ser amado y ambos en el universo: amor cósmico. Cuando le pregunto a los asistentes a mis conferencias, cuántos de ellos se sienten totalmente identificados (fusionados, diluidos, "en comunión") con su pareja, sólo levantan la mano dos o tres personas. ¿No sería mejor, más fácil y pragmático, al menos para los que no vivimos en un "plano astral", aterrizar la cuestión y buscar una forma de unión más compatible con lo que en verdad somos?

Josefina era un ama de casa de 37 años de edad, con dos hijos pequeños, casada desde hacía seis años. Me la había remitido un dermatólogo debido a una alergia de corte psicosomático, probablemente relacionada con una personalidad encapsulada. Era una mujer tímida con dificultades para expresar emociones, especialmente las negativas. Pedro, su esposo, era un comerciante de temperamento fuerte, decidido y emprendedor. No sólo era el "rey de la casa", sino que actuaba de manera extremadamente paternalista con ella. Sin embargo, el amor que sentía por su mujer había disminuido considerablemente en el último año: "La veo tan débil e insegura. La gente la manipula, es demasiado ilusa y sumisa". Cada vez que Pedro expresaba sus quejas, la repuesta de Josefina era la misma: "No importa lo que digas, siempre estaremos juntos. Ninguno puede vivir sin el otro y tú lo sabes". Ella actuaba como si los años (estaban juntos desde la adolescencia) les hubieran otorgado una exención a los problemas naturales de la vida en pareja y pensaba que la situación con Pedro se subsanaría de forma milagrosa. Sin embargo, él se mostraba cada vez más indiferente y lejano. No había agresión física por parte de él, pero sí manifestaciones de desprecio y malestar. A pesar de todo, Josefina se mantenía firme en sus ideas: "Lo que el amor unió, nadie podrá separarlo". En una ocasión en que la confronté más directamente, me miró extrañada y me dijo: "¿Pero cómo se va terminar la relación, si él es mi esposo?" Cuando decidió ir a terapia, ya era tarde. Pedro ya no la amaba.

Lo que quiero destacar en este caso es de qué manera la idea de la comunión/fusión puede llevar, subrepticia o abiertamente, a que las personas asuman una curiosa forma de resignación patológica frente a una relación en decadencia.

Tres aclaraciones:

1.  *Ser una unidad* afectiva significa estar inmerso en un conjunto indiferenciado de pasiones donde lo particular se anula en el todo. Es como si tuviéramos agua en la que no pudiéramos distinguir el hidrógeno del oxígeno. Ya no eres tú, eres otra cosa producto de la mezcla. Por el contrario, *estar unidos* afectivamente implica tener un lazo, un vínculo, que por más estrecho que sea, mantiene la diferencia. Si eres "una unidad" con tu pareja, te perdiste. Debes buscarte a ti mismo en el revoltijo afectivo y pasar del "ser de" al "estar con". Es cuestión de dignidad y de respiro.

2.  Hay, al menos, dos maneras de involucrarse en una relación: pertenecer o participar. *Pertenecer* es identificarse de lleno con la pareja y/o mimetizarse en ella, tal como lo hace el camaleón, cuando se confsunde con el ambiente donde habita para sobrevivir a los depredadores. "Pertenecer" a la pareja es volverse totalmente semejante a ella y renunciar a la propia singularidad. Por eso, el sentido de pertenencia hay que tomarlo con pinzas. "Ser" de un

equipo, un grupo o una institución puede convertirse fácilmente en fanatismo y extraviarse en la obediencia debida. Por el contrario, *participar* en una relación afectiva significa estar vinculado de manera activa y no pasiva. Se está allí porque se quiere, en pleno uso de la individualidad, ejerciendo el derecho a disentir. En esta lógica participativa, tal como la llama Savater, el autoritarismo y las distintas formas de dominación no tienen cabida. Si estás enamorado o enamorada, no perteneces a tu pareja, participas en una relación. No eres parte de la persona que amas. Aquí no hay costillas extirpadas ni nada por el estilo. Eres participante activo del enlace que ha producido la conjunción del amor, las metas, los valores, los deseos y muchas cosas más. En realidad, no formas parte del "club de los enamorados" ni de "la legión de supercasados", porque no existe tal cosa.

3.  La palabra comunión no debe confundirse con "comunidad". En la *comunión* no hay división, sino un conjunto donde cada una de las partes desaparecen en el todo. Es la fusión psicológica, afectiva y espiritual del enamoramiento que genera un fenómeno emergente: una sola alma, al menos en teoría. En este tipo de exaltación, la percepción se distorsiona hasta crear la sensación y la convicción de que todo se incorpora a un nuevo compuesto que contiene a ambas personas. No es estar *con*, sino estar *en*. Por su parte, el sustantivo *comunidad*, según la *Enciclopedia Oxford de filosofía*, se define como: "Grupo

de personas que llevan una vida en común asentada sobre relaciones recíprocas". Las relaciones de pareja pueden ser consideradas una comunidad amorosa de dos, una díada, donde los miembros se afectan mutuamente y establecen vínculos de correspondencia. La relación comunitaria se basa en lo que tenemos en común y no en una concordancia absoluta. El amor de dos es un intercambio de información, emociones, ternura y fluidos. Ser "el uno para el otro" hace que la relación sea completamente predecible. En el canibalismo afectivo, ya no tendrás nada que compartir porque todo está dicho. Por eso, el amor/fusión, tarde que temprano, termina deslizándose peligrosamente hacia el más pesado aburrimiento.

Por todo lo anterior, te propongo adoptar el valor guía de la *solidaridad* en lugar de la tradicional fantasía de fusión y absorción emocional. Amor solidario: estar unidos, en comunidad y de manera participativa. Amarte en la diferencia es amarte dos veces.

La solidaridad implica actuar a favor de alguien cuyos intereses se comparten, es decir, al defender los suyos, defiendes también los tuyos (parafraseando a Comte-Sponville). Es una forma de administrar dos narcisismos: "Dado que nadie está exento de egoísmo, intentemos serlo juntos, inteligente y amorosamente", como dice la filósofa Adela Cortina. La solidaridad también tiene una dimensión universal. Cortina, en el libro *El mundo de los valores*, dice que esta solidaridad universal se da "cuando las personas actúan pensando no sólo en el interés particular de los miembros de un grupo, sino también de todos los afectados por las acciones que realiza el grupo". Si la benevolencia y la ternura se suman a la solidaridad, no hay egoísmo que resista. No necesitas un viaje a la estrellas o perderte en la fascinación de los poetas (aunque no sobra) para encontrarle sentido a tu relación.

Tu relación es solidaria cuando:

- En los momentos difíciles de la pareja, los dos están presentes.
- Cada uno se preocupa por el bienestar del otro.
- Cada quien defiende al otro y la relación, si se ven amenazados de cualquier forma.
- Ninguno de los miembros cuenta intimidades a extraños que puedan afectarlos.
- Ambos se hacen cargo de las responsabilidades asumidas y están al tanto de lo que le ocurre a la otra persona.
- Ninguno desprestigia al otro, ni a la relación.
- Luchan hombro a hombro por las metas comunes, sin recostarse en el otro.
- Cada cual siente que puede contar con el otro.
- Los dos se toman en serio.
- Ninguno subestima los problemas que pueda tener la relación.

*No es solidario contigo quien hace caso omiso de tus intere-
ses, los subestima o no hace un esfuerzo para comprenderlos,
pese a tus pedidos y reclamos racionales.*

## Segundo valor: De la generosidad, al amor recíproco

Les guste o no a los dadores compulsivos, debe existir un intercambio básico para que el amor de pareja pueda funcionar.
Si le eres fiel a tu pareja, *esperas* fidelidad; si eres tierno, *esperas*
ternura; si das sexo, *esperas* sexo, en fin: *esperas*. Aunque pueda
haber momentos especiales en los que te desligues de cualquier retribución futura, una de las expectativas naturales que
acompaña el amor de pareja es la *reciprocidad*. El amor recíproco
va más allá del puro "dar", que caracteriza a la generosidad,
y propone una relación basada en el "dar" y el "recibir". La
generosidad es moralmente superior, pero la reciprocidad es
el motor de la vida en pareja. La comunicación y la capacidad
de resolver problemas quedan incompletas sin la correlación
dador–receptor.

No es posible aceptar una relación desigual, si queremos
mantener un amor constructivo y saludable. Un joven me
decía, no sin tristeza: "Mi novia cree que es una reina. Hay
que atenderla, darle gusto, contemplarla. A mí antes me nacía,
pero ya llevo mucho tiempo dando y dando sin recibir nada a
cambio… No se preocupa por mí como yo lo hago por ella.
Necesito que alguien me consienta, necesito sentirme querido. Por ejemplo, cuando tenemos sexo, me toca a mí hacerlo

todo... Ya no es placentero, sino extenuante. Tengo una amiga nueva que es lo opuesto... Posiblemente quiera más a mi novia, pero prefiero empezar una relación de igual a igual con alguien más". Es difícil no darle la razón. No estoy diciendo que haya que ser milimétrico en las relaciones, ya que no todos tenemos las mismas necesidades ni las mismas capacidades (no somos idénticos) o que haya que tirar la generosidad a la basura. Lo que sugiero es mantener una correspondencia equitativa que nos haga sentir bien. La reciprocidad positiva está relacionada con la percepción de equilibrio y armonía, con el sentimiento de imparcialidad y justicia.

Haciendo una analogía con el pensamiento de Aristóteles y santo Tomás, un amor justo es el que combina tanto la justicia distributiva (repartir cargas y beneficios proporcionalmente entre los miembros de la pareja), como la justicia conmutativa (evitar la estafa y el fraude en cualquiera de sus formas). No es que no podamos cambiar de opinión, pero es mejor hacerlo de manera honesta, tratando de salvaguardar el bien común y produciendo el menor daño posible. La reciprocidad supera el placer de la gratitud o el "celo de amor" del que hablaba el filósofo Baruch de Spinoza, es decir, hacer el bien a aquél que nos lo ha hecho, devolver el bienestar recibido.

Por su parte, Alain propuso (citado por Comte-Sponville en su *Diccionario Filosófico*) una máxima de cómo ser justo en las relaciones interpersonales: "En cualquier contrato y en cualquier intercambio, ponte en el lugar del otro, pero con todo lo que sabes, y, suponiéndote tan libre de necesidades como un hombre puede serlo, mira si en su lugar, aprobarías ese intercambio o ese contrato". Si pudiéramos aplicar la sugerencia de Alain, sin resquemores ególatras y de corazón, nuestras relaciones afectivas estarían libres de explotación y maltrato.

Tu relación se basa en la reciprocidad cuando:

- El intercambio afectivo y material es equilibrado y justo.
- Los privilegios son distribuidos equitativamente.
- El acceso a los derechos y deberes es igual de parte y parte.
- Ninguno de los miembros intenta sacar ventajas o explotar al otro.
- No hay la sensación de "estafa" afectiva.
- No tienes que recordarle a tu pareja lo que necesitas.
- Ninguno piensa que merece más que el otro.
- Existe una correspondencia mutua sobre lo fundamental.

*Tu pareja no es recíproca, si no le importa lo que piensas y sientes. En el amor, el que da, casi siempre espera recibir o tiene expectativas al respecto. Es el equilibro natural del amor justo y equitativo.*

## Tercer valor: De la obligación, al amor voluntario

Las relaciones afectivas cuyo vínculo se instala exclusivamente sobre la base del deber y la obligación o cuando los deberes pesan mucho más que los derechos, se van agotando a sí mismas. Hay algo castrense en esto de la "imposición afectiva" que no deja de sorprenderme. La relación amorosa no puede ser una exigencia. No se trata de estar con quien se debe estar, sino de estar quien se quiere estar.

Autonomía: del griego, *autos* (propio) y *nomos* (ley). Es decir, autogobierno, independencia personal con ayuda de la razón. ¿Cómo potenciar tu "yo" auténtico si no eres libre para querer lo que quieras y desear lo que deseas? Dos típicas manifestaciones del deber afectivo frustrado: "Quisiera quererte" o "Desearía desearte".

Así como el sentimiento amoroso no se obliga, tampoco puede imponerse a una persona vivir con alguien si no desea hacerlo o no le conviene. ¿Cómo estar seguro de que te amaré toda la vida? No puedo. ¿Cómo estar seguro de que nunca llegaré a desenamorarme, si el desamor no depende solamente de mí sino también de lo que tú hagas o intentes hacer conmigo? No digo que haya que fomentar una actitud *laissez-faire* y eliminar toda forma de convenio. Como ya expliqué, los deberes son necesarios para cualquier tipo de convivencia, a lo que me opongo es a la exigencia de sacrificar la dignidad en nombre de los deberes adquiridos.

El *deber razonable* y bien concebido es un cimiento para el respeto, pero el *deber inexorable e irracional* tiende a justificar todo tipo de violaciones. Hay que convivir con el deber razonable y pasarle por encima al deber irracional. ¿Habrá mayor placer que amar con independencia? Al amor juramentado y vuelto a juramentar le falta espontaneidad. Mejor un amor sin gravámenes, sin la carga de los "debería", sin deudas adquiridas: "Quiero estar contigo porque me nace, con la menor cantidad posible de preceptos y disposiciones". El amor sano no es una tabla de mandamientos ni un listado de códigos, sino un proceso vital de descubrimiento y crecimiento personal. Amas a una persona cuando respetas su capacidad de crearse a sí misma.

Lipovetski, en su libro *El crepúsculo del deber*, dice:

> Lo que está en boga es la ética, no el deber imperioso en todas partes y siempre; estamos deseosos de reglas justas y equilibradas, no de la renuncia a nosotros mismos; queremos regulaciones no sermones, "sabios" o sabiondos; apelamos a la responsabilidad, no a la obligación de consagrar íntegramente la vida al prójimo, a la familia o a la nación. (pág. 47)

Entonces, en un amor inteligente y maduro, básicamente ético, la responsabilidad asumida libremente pesa más que el deber tajante, el *querer amar*, más que el *deber amar*.

Tu relación es libre y autónoma cuando:

- Puedes disponer de tu tiempo y tus cosas.
- Expresas tus puntos de vista cómodamente.
- Puedes desarrollar tus actividades tranquilamente.
- No debes pedir permiso.
- Las obligaciones no te asfixian.

- Tu pareja no te vigila.
- Sientes que creces como persona.
- No debes justificar y explicar cada comportamiento frente a tu pareja como si fuera un juez.
- Obras de acuerdo con tus decisiones.
- Puedes expresar el amor como quieras.
- Tu pareja escucha seriamente tus quejas.

*No respeta tu autonomía, tu libertad y tu independencia quien te quita la posibilidad de actuar, querer o conocer de acuerdo con tu buen entender y parecer.*

# CAPÍTULO 10

# El amor digno

Ninguno de los tres valores mencionados (solidaridad, reciprocidad, autonomía) tendría sentido si no existiera el respeto a los derechos del otro. Expresiones como: "Me perteneces" o "Eres mía o mío" no son otra cosa que la sintomatología de una necesidad imperiosa de posesión que suele traducirse en emociones destructivas, como los celos, el rencor, la ansiedad o la depresión.

Aunque no siempre sea fácil lograrlo, el amor digno se ubica en un punto medio entre "ser totalmente para el otro" y "ser totalmente para sí". No es excluyente, sino asertivo, en tanto es capaz de discernir claramente el territorio de sus reivindicaciones y de marcar límites. El concepto del amor digno descansa sobre dos pilares que la cultura del amor incondicional ha desechado: el respeto y la defensa de los derechos humanos. La máxima que lo rige es tajante: "Si no eres capaz de amar y que te amen con dignidad, mejor no ames".

## De la tolerancia al respeto

¿Hay que tolerarlo todo? Obvio que no. Al igual que cualquier principio de vida, la tolerancia tiene sus límites. Karl Popper planteó en su momento la paradoja de la tolerancia: "Si somos absolutamente tolerantes, incluso con los intolerantes, y no defendemos la sociedad tolerante contra sus asaltos, los tolerantes serán aniquilados y junto con ellos la tolerancia". ¿Habría que tolerar la violación o los asesinatos? ¿Qué haríamos si viéramos a un hombre golpeando a su pequeño hijo? ¿Debemos tolerar el abandono infantil, los genocidios, las estafas o el maltrato? Hay amores intolerables y relaciones insoportables, a nadie le quepa duda.

Una persona tolerante es permisiva, paciente y no impositiva. Sin embargo, estas virtudes llevadas al extremo pueden resultar peligrosas si no están acompañadas de amor propio y algo de sabiduría. Si alguien dijera: "Yo tolero a mi pareja", en vez de decir: "Yo amo a mi pareja", no daríamos un peso por esa relación. "Tolerar", según el *Diccionario de sinónimos* de Aguilar, también quiere decir: "soportar, aguantar, sufrir, resistir, sobrellevar, cargar con, transigir, ceder, condescender, compadecerse, conformarse, permitir, tragar saliva y sacrificarse". Un vínculo afectivo que se ubicara en este contexto semántico parecería más una reunión de masoquistas anónimos que una relación amorosa. Soportar con indulgencia las agresiones no es sinónimo de amor.

Pero la palabra tolerancia también tiene una acepción más positiva y no tan referida al sacrificio, como es: "Disposición a admitir en los demás una manera de ser, de obrar o de pensar distinta a la propia". Es decir, la tolerancia como un valor que promulga el pluralismo entre las personas, en tanto acepta que éstas tienen derecho a expresarse con libertad de culto y opiniones. ¿Tu relación de pareja se rige por el pluralismo?

De todas maneras, si consideramos que la libertad del otro es un derecho, esta libertad no tendría que ser tolerada sino respetada. El respeto modula el amor, pone una distancia cognitiva útil y conveniente entre los enamorados y permite pensar sobre lo que piensa el otro, para no maltratar ni ser maltratado. Por eso, para que la tolerancia no viole los derechos ajenos debe ser limitada: si la persona que amas es peligrosa para tu integridad física o psicológica, la tolerancia está contraindicada.

Así como nos indignamos frente a la injusticia ajena, también tenemos la responsabilidad de indignarnos cuando nuestros derechos personales se vulneran. No debemos tolerar los abusos, vengan de donde vengan y así estén patrocinados por el amor. Para el abuso no hay disculpas. Recuerda: de la tolerancia a la estupidez sólo hay un paso, y es la ingenuidad.

*No quiero tolerarte (¡Dios me libre!), lo que quiero es amarte en la convivencia, en los acuerdos y en los desacuerdos. No quiero tolerarte, sino amarte y respetar tu esencia.*

## Los derechos humanos y el amor de pareja

La mayoría de la gente piensa que el tema de los derechos humanos es algo que concierne a los políticos, la ONU o a los países del tercer mundo, y no se percatan de que su importancia se revela en todos los aspectos de la vida interpersonal. Creemos que el amor, por su magnificencia y glorificación, está por encima de la humanidad, que es algo tan limpio y puro que no puede contaminarse con lo mundano. Nada más falso. En las relaciones afectivas, llámese amistad, pareja o familia en general, los derechos humanos son violados sistemáticamente.

¿Quién no se ha visto enredado alguna vez con alguien que intenta engañarlo o manipularlo para imponer sus intereses personales? Los monstruos afectivos existen, así como existen los grandes amores. Además, debemos reconocer que, bajo los efectos de un fuerte amor pasional podemos hacer cualquier estupidez y aceptar cualquier cosa. La capacidad de enamoramiento o la hipersensibilidad al amor nos hace vulnerables a los depredadores afectivos, debilita nuestra autonomía y la autoafirmación del "yo". Debilidad placentera, pero peligrosa.

Las interacciones humanas pueden ser simétricas (entre personas que manejan un mismo nivel de poder) o asimétricas (entre personas que no manejan el mismo nivel de poder). Sin embargo, no conozco ningún vínculo interpersonal totalmente equilibrado, igualado por lo bajo y por lo alto, llámese matrimonio, noviazgo, amantes o "amigovios". E, incluso, si pudiéramos concebir semejante igualdad, no tendríamos la certeza absoluta de que alguna de las partes, por diversas razones, pudiera intentar aprovecharse de la otra. El amor no impide necesariamente la lucha por el poder, ni garantiza que este forcejeo se realice acorde con los derechos humanos. La película *La guerra de los Roses* no es ficción. He visto parejas que se mantienen por años en pie de guerra y de batalla en batalla.

Como decía antes, un número considerable de personas se ve enredado en relaciones afectivas en las que uno de los miembros de la pareja de turno se aprovecha del otro y lo lastima profundamente. Muchos de estos abusos no solamente se enmarcan en las agresiones físicas sino en las psicológicas (v.g. descalificación, chantaje emocional, amenazas, culpabilización, sarcasmo), evidentemente más sutiles y encubiertas, frente a las cuales la opinión pública y la ley aún no están lo suficientemente sensibilizadas (intenta ir a una comisaría y denunciar a tu pareja porque te denigra psicológicamente, a ver qué cara pone el comisario en cuestión). La intromisión indebida en la mente de un individuo es quizás la peor forma de violencia, porque la víctima no siempre se da cuenta de lo que está ocurriendo y puede acostumbrarse a los ataques. No sólo hay una permisividad cultural del maltrato psicológico y del acoso moral, también existe en las personalidades débiles una resignación a la tortura psicológica que a veces sorprende. Una mujer me contaba: "Mi esposo me insulta todo el día y se burla de todo lo que hago... Eso sí, nunca me ha puesto la mano encima". Extraña manera de evaluar el maltrato: "Puedes insultarme, pero no pegarme". Difícil de entender. La opción saludable resulta evidente: "No puedes *ni* insultarme *ni* pegarme".

Recuerdo un caso que podría ser considerado como un récord Guiness en cantidad de maltrato psicológico por unidad de tiempo. Desde que entraron a mi consultorio, el hombre empezó como una escopeta de perdigones a lanzar agravios, pullas, ironías e injurias de todo tipo a su mujer. El embate era a mansalva y sin clemencia: "inútil", "poca cosa", "mala mujer", "para qué me habré casado contigo", "loca", "poco inteligente", "fea", "frígida", "gorda desagradable", "maldita sea la hora en que te conocí" y cosas por el estilo. La señora, al parecer ya curtida en estas lides, permanecía de brazos cruzados mirándome, como diciendo: "¡Mire y aprenda de qué se trata esto!" Pese a mis intentos por apaciguar al señor, él seguía expulsando sus demonios. Al principio, supuse que debía de haber existido alguna pelea reciente que explicara semejante conducta, pero una afirmación de la mujer me dejó de una pieza: "Siempre es así. Y eso no es nada, aquí se controla porque está usted presente…". Cuando le pregunté al señor por qué se comportaba de ese modo, me dijo: "Ya no me la aguanto". Mi respuesta fue apenas obvia: "¿Han pensado en la separación, así sea por un tiempo?" Él guardó silencio por primera vez y ella encogió los hombros. Conclusión: el ser humano puede acostumbrarse a cualquier cosa. Nunca volvieron a terapia, quizás porque presentían que el resultado sería inevitablemente la separación. De todas maneras, lo que me interesa señalar es que podemos volvernos indiferentes al maltrato como si éste fuera parte inevitable de nuestro destino.

Una forma especialmente inquisitiva y dolorosa de sancionar al otro es, sin lugar a dudas, la indiferencia. He conocido a personas que "castigan" a su pareja con un silencio sostenido y cruel que puede llegar a durar meses. ¡Sí, *meses* ignorando al otro! Haciendo una analogía con el pensamiento que expresa Hannah Arendt, en su libro *Los orígenes del totalitarismo*, para estos castigadores, la pareja se convierte en un ser "superfluo". Una mujer me decía angustiada: "Se me olvidó darle a mi marido un recado que le había mandado la secretaria y no me habla desde hace quince días". Hay que querer muy poco o estar psicológicamente muy enfermo para no dirigirle la palabra durante tanto tiempo a la pareja simplemente porque tuvo un olvido.

¿Cómo seguir en una relación si te ignoran olímpicamente, no te dirigen la palabra, no te escuchan o te pasan por encima como si fueras un objeto simplemente para castigarte? Latigazos o silencio: ¿qué prefieres? ¿Qué se necesita para soportar la ausencia voluntaria del otro y luego seguir como si nada hubiera pasado? Creo que a nadie le gusta ser un cero a la izquierda, pero tal como dije antes, el miedo corrompe. Cuando, por ejemplo, un hombre tiene que olerle la vagina a su pareja cada vez que llega de la calle para estar seguro de que no ha tenido relaciones con otro hombre, ¿por qué accede la mujer? Una paciente me respondió lo siguiente: "Con eso lo dejo tranquilo. Si él quiere husmear mi ropa interior o mis genitales, que lo haga, es un segundo y listo… Él es muy inseguro, pero me quiere mucho…". Sin palabras.

## El derecho a ser amado con dignidad

Cuando se ha doblegado al otro bajo el yugo de la dominación psicológica, la víctima pierde el "no", accede por miedo o por apego. La confusión interior es tal, que el sujeto vapuleado puede llegar a justificar al agresor para tratar de explicar lo inexplicable y buscar razones donde no las hay. Dejar sentado quién es el más fuerte y quién tiene el control suele ser la meta de quien maltrata al otro: "¡Yo soy la autoridad, yo soy el poderoso, el que decide y ahí les dejo el precedente!"

Hace poco, pude observar por la televisión española uno de estos depredadores, que había asesinado a su mujer, aunque no recuerdo el motivo. Lo que me quedó grabado fue su expresión cuando la policía lo llevaba esposado. Realmente me impresionó. Su rostro no mostraba ningún rasgo de arrepentimiento o de culpa, sino la expresión típica del "deber cumplido". Su mirada dejaba en claro que ella se lo merecía. La idea del "castigo merecido" es la demostración más evidente de la dominancia y el abuso del poder.

El abuso psicológico muchas veces es el preludio o el anuncio del maltrato físico. Recuerdo el caso de una mujer brillante profesionalmente, casada hacía cinco años, a quien su marido no le perdonaba el éxito que tenía. Siempre trataba de menospreciarla, pero frente a los demás halagaba su desempeño y decía sentirse muy orgulloso. Esta doble faz le daba la coartada perfecta. Cuando ella les comentó a sus hermanos del maltrato psicológico al cual era sometida, nadie le creyó. Un día llegó a mi cita con los ojos morados y otras lesiones: "¡A lo que hemos llegado!", me dijo entre lágrimas y sollozos. "¡Pero, esto se acabó, ya pasó el límite!" Y así fue. Sin embargo, algunas preguntas quedaron en el aire: ¿Hubo que esperar cinco años de maltrato para actuar? ¿Por qué unos golpes tienen más significación que cinco años de desprecio y menoscabo? La dignidad no tiene matices, no hay violaciones al derecho de primer y segundo grado. Simplemente, *ningún* tipo de maltrato debe ser tolerable.

Los derechos humanos son universales, inalienables (forman parte de tu esencia) y están concebidos para todas las personas. Destacan la autonomía individual y el desarrollo de la libre personalidad del individuo (libertad de expresión de ideas, de tener una vida privada y de tener iniciativa), así como la inviolabilidad de la condición humana. No tienes que hacer ningún curso especial para ser adjudicatario de tales derechos, te corresponden en tanto estés vivo. Los límites del poder en general y del amor de pareja en particular se configuran precisamente en los derechos humanos, no importa cuánto ames. Bienvenido al mundo real. Tenías un tesoro que no sabías, un baluarte que no utilizabas.

Un breve repaso y extensión de la *Declaración Universal de los Derechos Humanos* a los vínculos afectivos nos muestra que muchos de estos derechos se violan sistemáticamente en las relaciones de pareja y que simplemente lo aceptamos porque están amparados por el "manto sagrado" del amor. Veamos:

- **Artículo 3: Todo individuo tiene derecho a la *vida*, a la *libertad* y a la *seguridad* de su persona.**\*
  Es evidente: ninguna restricción a tu libertad ni riesgos para tu vida, así sea en el nombre del amor, es válida. La base segura no es negociable en ninguna relación. Debes tener la certeza de que no te lastimarán intencionalmente. Si deseas entregarte en alma y vida a tu pareja, que sea en pleno uso de tus facultades, sin presiones, culpa, miedo o apego. El altruismo no riñe con este artículo, si *tú* lo decides.

- **Artículo 4: *Nadie estará sometido a esclavitud ni a servidumbre*: la esclavitud y la trata de esclavos están prohibidas en todas las formas.**
  ¡Se prohíbe la esclavitud y la servidumbre! "Toda forma de esclavitud", incluso aquélla que se ampara en un supuesto amor. Aunque no lo creas, mucha gente establece relaciones de pareja sin someterse. Si bien durante el enamoramiento una forma de esclavitud bioquímica, socialmente aceptada y glorificada por la cultura, hace su aparición, la naturaleza te libera al cabo de dos o tres años. La esclavitud se fundamenta en la idea macabra de

\* Las itálicas en los artículos, son mías.

que unos tienen más derechos o son esencialmente más valiosos que otros. ¿Habrá mayor dicha que amar de igual a igual, sin miedos y sin estratagemas, a corazón abierto? Eres esclava o esclavo cuando tu libertad no te pertenece. ¿Cuál es su consecuencia? La explotación.

- **Artículo 5: Nadie será sometido a *torturas ni a penas o tratos crueles, inhumanos o degradantes*.**
Las páginas de este libro están llenas de ejemplos de relaciones de pareja en las que se viola este artículo. Las palabras "cruel", "inhumano" o "degradante", no son sinónimos de silla eléctrica o cámara de gas. Menospreciar, ignorar o burlarse sistemáticamente de la pareja es inhumano. Desprestigiar a la persona que amas o denigrar de ella indica que no la amas sanamente o que no la amas. ¿Quién no ha levantado la voz o ha ofendido alguna vez a alguien en una discusión? ¿Y quién no se ha arrepentido luego? No hablo de esos brotes esporádicos que se dan al calor de una disputa (aunque no los justifico y reconozco que pueden llegar a ser peligrosos), me refiero a la tortura consistente, sistemática y a mansalva, cuyo fin es provocar deliberadamente el dolor ajeno. Recuerdo la película *Durmiendo con el enemigo*, que cuenta la historia de un hombre que se dedica obsesivamente a encontrarle errores y defectos a su mujer.

• **Artículo 12: Nadie será objeto de injerencias arbitrarias en** *la vida privada, su familia, su domicilio o su correspondencia, ni de ataques a su honra o su reputación.*

Tienes derecho a la intimidad ¿Qué implica esto? Mantener tus espacios, tu territorialidad, tu microcosmos, sin que te invadan tu privacidad o te asalten en tu buen nombre. Los ataques a tu honra son una forma de discriminación y de maltrato psicológico. ¿Hay que contarle todo a la pareja o debe haber algunos secretos en una relación? Pues si te adscribes a la modalidad de fusión/comunión, de ser una unidad, habría una sola mente y los pensamientos de tu pareja y los tuyos estarían entremezclados en un gran enredo informacional; cada quién tendría acceso libre y directo a todos los aspectos de la vida psicológica, afectiva y comportamental del otro. Tu soberanía personal quedaría al descubierto. Algunas personas piensan que "estar enamorados" y/o casados les da autorización para ejercer el papel de fiscal o de auditor permanente. Investigar al otro, revisar su base de datos, expropiar la vida privada sin ningún tipo de consideración: "Lo tuyo es mío", o peor: "Si no me das carta abierta para estar en cada rincón de tu mente y de tu corazón, tienes algo que esconder o no me amas". Paranoia y simbiosis. ¿De dónde sacamos que el vínculo afectivo justifica el "examen" y la fiscalización de la reserva personal? Sólo podemos llegar hasta donde la dignidad de nuestra pareja lo permita. Y si no nos gusta esa zona de exclusión, debemos revisar la relación que hemos establecido con ella. Es evidente que los miembros de una pareja, así haya amor, deben mantener cierta privacidad: mis ideas, mis sueños, mis amigos y nuestras ideas, nuestros sueños, nuestros amigos. El autoritarismo y el totalitarismo, siempre y sin excepción, se oponen al amor respetuoso.

- **Artículo 16: Los hombres y las mujeres, a partir de la edad núbil, tienen derechos, sin restricción alguna por motivo de raza, nacionalidad o religión,** *a casarse y a fundar una familia, y disfrutarán de iguales derechos en cuanto al matrimonio, durante el matrimonio y en caso de disolución del matrimonio.*
Derecho al matrimonio y a prescindir de él. Nada obliga al matrimonio ni a la soltería, tan válidos ambos como cualquier otra decisión. O mejor: derecho a no perder los derechos en ningún caso, sea cual sea el vínculo. Derecho a casarse y a separarse. Iguales privilegios, dentro y fuera de la relación. Nadie debe ser castigado por querer disolver un matrimonio o por permanecer en él.

- **Artículo 18: Todas las personas tienen derecho a la** *libertad de pensamiento, de conciencia y de religión;* **este derecho incluye la libertad de cambiar de religión o de creencia, así como la libertad de manifestar**

**su religión o su creencia, individual o colectiva-
mente, tanto en público como en privado, por la
enseñanza, la práctica, el culto y la observancia.**
Puedes creer en lo que quieras, si no violas el derecho
de nadie. No tienes por qué esconder o disimular tus
creencias, si a tu pareja no le gustan. Recuerdo el caso de
una señora que mantuvo en secreto por años su adhesión
a una congregación cristiana porque el marido era ateo
y no le daba permiso para creer en Jesucristo. Su culto
debía ser ejercido a escondidas, como si se tratara de un
grupo terrorista. Cuando finalmente sacó el coraje para
decirle la verdad, el ofendido señor se fue de la casa. La
libertad de conciencia significa poder actuar de acuerdo
con los propios códigos éticos y negarse a ir en contra
de la propia fe, sea cual fuere. No niego que las parejas
que profesan cultos religiosos distintos puedan llegar a
tener problemas, pero lo que sostengo es que los valores,
cuando son verdaderos y legítimos para quien los vive
y siente, no son negociables. En el caso que acabo de
señalar, la señora acumuló angustia y dolor durante años
porque, al mejor estilo estalinista, le era "prohibido" ejercer libremente su religión. En una cita me dijo: "Nunca
he sido tan feliz, puedo ir a mi parroquia y participar
en los festejos cuando quiera. Es una sensación extraña,
como si me hubiera liberado de una cárcel. Mi vida ha
adquirido un nuevo sentido. Pero a veces me siento culpable conmigo misma por haber sido tan sumisa. Cuando

decidí contarle todo a mi marido me sirvió mucho saber
que estaba defendiendo un derecho universal y que no
sólo era un capricho mío…". Si en el nombre del amor
afectan tu libertad de opinión y expresión, sencillamente eres víctima de un amor dictatorial: es decir, no te
aman.

- **Artículo 20 (1): Toda persona tiene derecho a la
  *libertad de reunión y de asociación pacíficas.***
Parece sencillo, pero no lo es. Cualquier persona que
mantenga una relación de pareja con alguien celoso o
controlador sabe a qué me refiero: "No quiero que salgas
con tus amigas o amigos" o "¿Dónde vas, con quién vas, a
qué hora vuelves?" Amor policivo, el FBI en casa. El hombre dice: "¡Qué estupidez! ¡Sólo a ti se te ocurre meterte
con ese grupo de locas!" Ella responde: "No son locas, son
mujeres que trabajan en un voluntariado". Él, indignado,
replica: "¡Tu deber es no descuidar a tu familia, además,
debes contar conmigo cuando tomas esas decisiones!"
Ella, dice: "No estoy de acuerdo. No puedes impedirme
que me reúna con la gente que quiero. Además, la familia
es tanto responsabilidad tuya como mía". El marido tira
la puerta con furia, sin antes expresar con indignación:
"¡Vaya uno a saber quién te está llenado la cabeza de estupideces!" La mujer, que no necesita ayuda profesional
ni consejos porque hace uso de *sus* derechos, se viste y
sin una pizca de culpa o ansiedad sale para la reunión de

los jueves, con la clara convicción de que la separación es cuestión de tiempo. En la mentalidad machista típica, el derecho a reunirse y a asociarse es poco menos que un trastorno psicológico o una desviación de la conducta normal. En el amor maduro y bien estructurado, *nadie es de nadie*. Algunas "posesiones amorosas" necesitan más de un exorcista que de un psicólogo.

- **Artículo 23 (2): Toda persona tiene derecho, sin discriminación alguna, *a igual salario por trabajo igual*.**

  Es el derecho a un trabajo digno. Yo agregaría a iguales privilegios por un trabajo similar en esfuerzo y entrega. Tal como dije antes, la división del trabajo en la pareja debe ser consensuado y equilibrado, si no queremos que se vayan acumulando rencores. El amor no escapa a la justicia, a la equidad fundamental que surge de considerar al otro como un sujeto válido que merece ser respetado en su condición. ¿Cuántas mujeres son discriminadas en su trabajo gracias a una tradición excluyente, tan irracional como milenaria? Si hay amor, hay igualdad en los derechos. Por eso, es importante buscar un balance costo/beneficio entre lo que se entrega y recibe. Descanso, uso del tiempo libre, disfrute, duración de las tareas, en fin, no permitir jamás que la filosofía del *workaholic* entre al hogar.

¿Cómo negociar el derecho a la intimidad, a la cultura, a la educación, a la libre expresión, a comportarte de acuerdo con las creencias religiosas, el derecho a la libre movilidad y asociación? ¿Cómo amar en paz, si debo hacer a un lado mi propia identidad? Renunciar a lo inalienable y a lo intransferible, a la esencia vital que te determina, así sea por amor, te pone en la cuerda floja. Eres el único o la única que puede saber si se justifica o no tal entrega.

No obstante, el buen amor abre otras puertas. ¿Quién no daría la vida por un hijo o incluso por la persona que amamos limpiamente y con la cual hemos compartido una vida bien llevada? En muchos matrimonios felices, la muerte de uno de los cónyuges suele conducir rápidamente al fallecimiento del que sobrevive. Una relación sólidamente estructurada, cuyo vínculo está guiado por un propósito determinante, requiere de la buena distribución de *eros, philia* y *ágape*. Amor justo y digno, bajo los auspicios del erotismo y la ternura, tan honesto como alegre, tan respetuoso como arrebatador. Un amor sensible, compasivo y seguro que se mueva dentro de los derechos humanos, sin vestigios de esclavitud o servilismo, es una de las experiencias más maravillosas que nos puede ofrecer la vida. Y lo opuesto, la entrega enfermiza y el sometimiento decadente en nombre de un amor descabellado es una de las formas más tristes de autodestrucción. Depende de cada uno de nosotros elegir el camino.

# Cómo amar sin renunciar a lo que somos: Una guía reflexiva

## Flexibilizar los dogmas: "Todo depende"

Hay que pasar del amor incondicional, a las condiciones que debe reunir el amor para que sea relajado y placentero. Por tanto, si quieres mantenerte dentro de los límites de una relación madura y saludable, no utilices categorías absolutas. Flexibiliza la mente y reubica tus deseos en la realidad concreta que te toca vivir. Amar de manera racional es incluir las excepciones a la regla en la manera de procesar la información afectiva. Por ejemplo:

- "El matrimonio es para toda la vida". (*Depende*: si todo va bien, probablemente).

- "La separación es un fracaso". (*Depende*: en ocasiones separarse puede ser una forma de éxito y liberación).
- "El amor es incondicional". (*Depende*: si mi pareja me maltrata, el amor incondicional es contraindicado).
- "Hay que sacrificarse por la pareja". (*Depende*: si la exigencia o la necesidad del otro es irracional, la dedicación deja de ser saludable).
- "El amor justifica nuestras actos". (*Depende*: si trata de ser infiel o de explotar a la pareja, no justifica nada).
- "El amor todo lo puede". (*Depende*: hay amores alfeñiques).

Un amor dogmático, regido por un sinnúmero de reglas e imperativos, pierde la capacidad de ser creativo y reinventarse a sí mismo. Un amor flexible mantiene su capacidad de crítica y autocrítica e intenta evitar los extremos dañinos y la normatividad ciega.

## No pierdas el tiempo con quien no quiere dialogar ni negociar

La calidad de vida no es negociable, como tampoco lo son tus principios. Para negociar se necesitan dos que quieran hacerlo. Respeto y ganas. Según la ética discursiva que propone el filósofo alemán Jürgen Habermas, para que exista diálogo, el lenguaje de los involucrados debe ser entendible, sincero y verdadero. Si alguna de las partes no es veraz, se está perdiendo el tiempo. Un diálogo en serio implica pasar del "yo quiero" al "nosotros argumentamos". No pierdas el tiempo con quien: no está interesado; no te toma en serio; no dice lo que piensa y siente; esconde alguna mala intención; no te escucha con el interés necesario, o todas las anteriores.

## No esperes peras del olmo

A veces, el amor o la esperanza nos ciegan. Como un corolario del punto anterior, es importante partir de lo que en verdad somos y tenemos. He visto mujeres y hombres sufrir de la manera más angustiosa a la espera de un cambio de su pareja que nunca llega. No esperar peras del olmo, como dicen, significa no hacerse falsas ilusiones y ser realista. Si tu pareja te ha sido infiel varias veces, ¿por qué deberías esperar fidelidad? ¿Perdonar? Sí, claro, pero eso nada tiene que ver con la reincidencia. Puedo perdonar y dejar de amar, o puedo perdonar y alejarme por pura previsión y salud mental. Si a lo largo de la relación afectiva, la persona que amas ha sido indiferente, introvertida o poco cariñosa, ¿todavía esperas que se levante una mañana cualquiera y te llene de besos y abrazos? No digo que la gente no pueda cambiar, pero debes estar segura o seguro de que tal cambio sea posible y que valga la pena esperarlo. Una de mis pacientes me decía con orgullo que había encontrado la forma de salvar su relación: "Cada vez que me siento descuidada por él, lo amenazo con que lo voy a dejar y el hombre reacciona de inmediato". Gustos son gustos, pero un amor amenazado no es un amor confiable.

## No te esfuerces en explicar lo obvio

Una mujer se pasaba gran parte de su tiempo explicándole al marido por qué era importante que no la insultara y no maltratara a los hijos, como si de tanto insistir, remachar y remachar, se fuera a generar en él una especie de iluminación tardía. Sus explicaciones pecaban de una ingenuidad asombrosa: "Mira, mi amor, cuando me dices idiota, loca o puta, estás produciendo una sensación humana llamada ofensa, la cual causa dolor... y es muy, pero muy incómoda. Lo mismo cuando golpeas al niño, a él le duele...". ¿Será que al hombre le faltaba información y por eso agredía a su mujer e hijos? Si tu pareja te maltrata o te impide ser tú, sólo hay que actuar, no tienes nada que explicarle o enseñarle. No quiero decir con esto que debamos reducir la comunicación a cero y nunca argumentar. Lo que digo es que hay situaciones en las que las palabras sobran y el solo hecho de querer deliberar nos hace indignos.

## Comprométete con tu persona e intenta ser coherente

Define exactamente qué quieres hacer de tu vida. Cuáles son tus proyectos, qué tipo de relación quieres, cuáles son tus metas u objetivos esenciales. Hazlos explícitos y comprométete con ellos. Trata de mantener activa la razón vital que te determina y el sentido de vida que elegiste. Ése es el primer paso: tomar conciencia de quién eres y para dónde vas. Luego, debes actuar en concordancia con esas metas, con la dirección que dictaminan tus sueños y anhelos. Cuando actúas en contra de tus principios, te violentas internamente, te traicionas, intentas ser lo que no eres. Ser coherente significa que tus teorías y sentimientos concuerdan con tus comportamientos. No hablo de ser intransigente, porque la coherencia del sabio no es dogma sino flexibilidad. Me refiero a que trates de reafirmar tus puntos de vista personales y ejerzas el derecho a la defensa, que nada tiene que ver con la irracionalidad del que se las sabe todas.

## Practica el individualismo responsable

Tal como dije a lo largo del texto, puedes amar sin destruir tu "yo". Practicar el individualismo responsable implica mantener vivo el amor propio en la relación que hayas elegido. Preocuparte por tu pareja, pero también por ti mismo, para que de este modo reasaltes tu singularidad en un contexto imprescindible de intercambio. Defender el "yo" significa oponerse a todo intento de sacrificio irracional. Cambiar la abnegación sumisa por una dedicación amable que no te excluya. Amor individualizado, sin fusiones ni alquimias transpersonales.

## Eres persona, no cosa

Muchas víctimas del abuso se olvidan de que son personas, que merecen ser escuchadas en serio y ser respetadas. Te cosifican cuando te quitan el derecho a tener derechos, cuando tus pensamientos y sentimientos no son tenidos en cuenta, cuando no te consideran un fin sino un medio, cuando te manipulan, maltratan o explotan. Ser cosa es ser un objeto, es eliminar la esencia misma de la condición humana. Los objetos son desechables, las personas no; por eso, mereces respeto. No tienes el derecho a que te amen, pero sí a que te traten bien, a que no te mientan. La esclavitud en nombre del amor es esclavitud, no importa cuál sea el lavado cerebral que te hicieron, ni qué tan masoquista seas.

## Discrimina entre sufrimiento útil y sufrimiento inútil

El sufrimiento útil es el duelo. Un dolor progresista, que te enseña a perder y a no seguir esperando lo imposible. La realidad a veces es dolorosa, pero te ayuda a ubicarte. Romper con alguien a quien amas no es fácil, porque el principio del placer es impositivo y persistente. Pero, si en cambio, estás en una relación afectiva en la que los malos momentos superan con creces los buenos, pregúntate a dónde te conduce ese sufrimiento. El sufrimiento inútil funciona como las arenas movedizas: cuánto más intentas salir, más te hundes. Por eso, si no hay nada más qué hacer, si ya has intentado de manera razonable hallar una mejoría en la relación y nada has logrado, conéctate a un sufrimiento útil, asume la pérdida, deja que el duelo arranque. El sufrimiento inútil no se agota y puede durar siglos. El sufrimiento útil tiene un fin, suelta los lastres y te limpia por dentro.

## El buen amor es recíproco

La reciprocidad es la base de un amor justo. Cuándo damos amor, esperamos amor, porque las relaciones afectivas de pareja se alimentan del intercambio. ¿Cómo no esperar fidelidad si eres fiel? ¿Cómo no esperar ternura si das ternura? No se trata de avaricia sino de altruismo recíproco: juntos somos más, juntos es más fácil. Si no te sientes gratificada o gratificado, si tus manifestaciones de ternura o sexo se pierden en un amor tipo esponja, que todo lo absorbe y nada o muy poco devuelve, tu sentimiento, a no ser que seas un santo o una santa, se irá convirtiendo en indignación: cólera ante la injusticia, la vivencia de que no obtienes lo que mereces. El amor es de doble vía, no importa lo que digan. El amor saludable prospera cuando el proceso dador-receptor se encuentra en equilibro. Amar solidariamente, tranquilidad de alma.

## Pregúntate si tus deseos y exigencias son racionales

Es un acto de responsabilidad para con el prójimo. No puede haber un intercambio afectivo feliz, si no hay autocrítica. Se trata de autoridad moral, de estar seguro de que tus preferencias, deseos, sueños, anhelos y pedidos sean razonables y que no violen los derechos de tu pareja. Si exiges fidelidad y eres infiel, o si no amas sinceramente a tu pareja y reclamas amor de parte de ella, necesitas ayuda profesional. No des motivos, es mejor ser coherente, es mejor estar en paz con uno mismo.

Creo que si el clima ayuda y la suerte también, uno recoge lo que cosecha. Ojalá las semillas que utilices no estén dañadas. Pregúntate si tu propuesta afectiva es irracional, si está motivada por el apego, la inseguridad, la posesión y el miedo, o si, por el contrario, se fundamenta en tus convicciones, como debe ser. Una vez más: razón y emoción en proporciones justas y llevaderas, "convicciones amorosas". No sólo se trata de que te respeten, sino también de respetar.

## Para vivir en pareja, el amor no basta

¿Acaso te quedan dudas? El realismo no se opone al amor: lo modula, lo aterriza, lo vuelve más humano y menos celestial. El sentimiento amoroso no garantiza por sí solo una buena convivencia de pareja, para eso se necesitan otras habilidades distintas al querer. Esta afirmación, que debería resultar evidente para el sentido común y las observaciones de la vida diaria, ha sido descartada por la cultura del enamoramiento y reemplazada por la idea de que "el amor todo lo puede", hasta hacernos felices en un matrimonio desgraciado. La fórmula es atractiva: si amas, tienes la vida resuelta. ¿Para qué más? Sin embargo, la realidad afectiva es otra. Mantener una posición racional y no distorsionada sobre las relaciones afectivas es suponer, tal como decían Erich Fromm y Ovidio, que el amor es un arte. La consecuencia no deja de ser interesante: si el amor es un arte, habrá cosas para aprender y desarrollar, habrá un espacio cognitivo.

Los sentimientos son necesarios pero no suficientes para estar en pareja. *Eros* funciona como un empujón inicial, pero no alcanza para cristalizar una relación estable y duradera. El amor romántico no consigue mantener a raya los problemas que surgen de la convivencia. ¿Tropezamos con el amor o lo creamos? Ambas cosas. Primero nos golpea y atonta y luego, cuando nos recuperamos del *shock*, empezamos a descubrirlo y reinventarlo.

Veamos una conversación típica entre una mujer empecinada en casarse con un hombre bastante problemático y la amiga que trata de salvarla:

—¿Por qué te quieres casar, si el tipo es un desastre?

—Porque lo amo.

—¡Por Dios, si es el hombre más infiel, dominante y arrogante que he visto!

—¡Pero nos amamos!

—¿Y eso qué tiene que ver con la convivencia, criar hijos y lo demás?

—¿Cómo que qué tiene que ver? ¿Acaso no sabías que el amor todo lo puede?

—Pues, no sé si podrá con él.

—El amor todo lo cura, estoy segura.

Tener una pareja no es la única forma de realización ni la única manera de alcanzar una vida feliz. Mejor pon el amor en su sitio y si tienes algo de agallas, desafíalo: "Si no eres un buen amor, prefiero no tenerte".

## No practiques la victimización, ni la autocompasión

A veces, sin darnos cuenta, entramos pasivamente en una serie de juegos de presión y manipulación. El sujeto dominante puede utilizar varias estrategias para bloquear al otro y llevarlo a la autocompasión. Señalaré cuatro ejemplos de estas tácticas de sometimiento.

**Descalificación.** Considerar al otro como insignificante: "No te creo, tu opinión no me merece respeto", "No doy crédito a tus ideas y sentimientos", "No sabes nada", "Sólo dices estupideces" o "Eres poca cosa". Da igual. Descalificar es mancillar al otro, hacerlo a un lado por ignorante, desacertado o incapaz. Si entras en este juego y te crees el cuento, el resultado será la depresión. Pero si estás seguro o segura de tu valía, el ataque pasará de largo: no habrá un "yo" enclenque que lo atrape. La descalificación avergüenza, si la autoestima es pobre.

**Chantaje emocional.** El mecanismo de control es la culpa. Se trata de responsabilizar al otro por lo que nos pasa. El mensaje subrepticio es demoledor: "Eres una persona mala", "Quieres destruirme", "Si verdaderamente me quisieras, no harías esto o aquello". Volvemos a la estupidez de un amor incondicional, a la tristemente célebre "prueba de amor" que, en este caso, intenta fundamentar la explotación psicológica. Pero si tienes la conciencia tranquila, si sabes que se trata de un juego en el cual has participado infinidad de veces, suplicando un perdón y una comprensión que nunca llega, y que no te corresponde, te queda la asertividad. La mejor respuesta a una insinuación de chantaje emocional es un contundente: "No es así", y punto. No más. Nada más. Cualquier agregado sobra. No subir al estrado ni mostrar paz y salvos. Ni tu pareja es el juez, ni tú el acusado o la acusada.

**Amenaza.** Agresión y violencia anticipada: "Te abandonaré", "Te golpearé", "Te dejaré de amar", "Te mataré", en fin, amenazas sobre la seguridad física o psicológica. El juego se activa cuando el amenazado toma en serio la intimidación y siente miedo. Si crees que las amenazas físicas tienen alguna opción de prosperar, escapa o denuncia al infractor. Si crees que las amenazas psicológicas de dejarte de amar son creíbles, pregúntate si se justifica luchar por un amor que no te corresponde. Pero debe quedar claro que ninguna forma de coacción es negociable, la acción misma de intentar amedrentar a otro es inmoral. La emoción que regula este juego maligno es el temor. Quizás por eso Krishnamurti afirmaba bellamente que el amor es ausencia de miedo. Tus dos herramientas para no entrar en la violencia: *escape/denuncia*, si la amenaza física es real o creíble, y *desamor* autoinducido, si no te quieren. Repitámoslo una vez más: si aceptas que eres una persona digna, pues no te merece quien viola tus derechos o te lastima.

**Abrir la herida.** Como si la historia nos determinara de manera definitiva, a algunas personas les fascina meter el dedo en la llaga para cobrar deudas tan lejanas como inútiles; es decir, echar en cara lo que se hizo o lo que se dejó de hacer. La estrategia es volver una y otra vez sobre la misma cuestión, sin brindar ninguna alternativa de solución, como si se tratara de un pecado original imposible de redimir. Después de veinte años, un hombre, de manera reiterada y obsesiva, cada vez que podía, le recordaba a su mujer una supuesta infidelidad de la juventud. Y en cada ocasión, ella invertía varias horas tratando de explicar y justificar lo ocurrido (un baile apretado, un beso furtivo...). Así, él lograba ponerse por encima y someterla. Una deuda impagable y un pagador compulsivo.

Resumiendo: si eres víctima de la descalificación, el chantaje, la amenaza y la culpabilización, no te resignes a ello. Una relación de este tipo es disfuncional e inconveniente para cualquiera, no importa qué diga tu pareja y cómo quiera justificar sus actos. Nadie merece semejante tortura.

## No importa cuánto te amen, sino cómo lo hagan

El buen amor es un problema de calidad total. Es cualitativo más que cuantitativo. El "cómo" tiene que ver con los valores guías que hemos mencionado antes: reciprocidad, solidaridad y autonomía, y con el amor digno y el amor justo. Cuando ponderamos la cantidad por encima de la calidad afectiva, distorsionamos la verdadera esencia del amor. Si fuera así, deberíamos valorar los excesos de las personas celosas, apegadas, obsesivas, violentas o codependientes, simplemente porque "aman demasiado". Pero amar mucho no significa que amemos bien. *No importa cuánto te amen, sino cómo lo hagan* quiere decir que no necesitas la taquicardia y la alteración hormonal desmedida para disfrutar el amor. La manía no siempre conduce a la felicidad.

## Si no hay riesgos para tu seguridad física o psicológica y tus principios no se ven afectados, acelera y vive el amor intensamente

La propuesta no es mantener el amor encapsulado, sino enseñarle a volar. Tal como he venido diciendo: si te sientes correspondido o correspondida en el amor, si tu autorrealización personal no se ve afectada y si tus principios son respetados, hay que poner el pie en el acelerador. Hay que vivir el amor intensa y vitalmente, si ya pasaste el filtro del autorrespeto. ¿Amor pensado y racional? Sin duda, si quieres sobrevivir. La cultura del amor romántico aconseja entregarse sin pensar tanto, porque de no ser así perderíamos la magia del amor, su irracionalidad. Como yo veo las cosas, la irracionalidad es una de las principales causas de la patología afectiva.

Para cerrar, te dejo con una reflexión que quisiera que siempre tuvieras presente:

Enamoramiento es una cosa, amor es otra. Amar es hacer el amor con la mejor o el mejor amigo, y con ternura, pasión, amistad y dulzura, sin violencia. Si le das cierto orden al amor, si lo vinculas con tu autoestima, con el "ser para sí", además del "ser para el otro", habrás definido un sendero seguro por el cual transitar. Cuando la compañía es confiable, hay que acelerar; si el enredo no pinta bien, hay que frenar en seco.

# Bibliografía

Alain (Émile Chartier). 2004. *Mira a lo lejos*. Barcelona: RBA.

Ackerman, D. 2000. *Una historia natural del amor*. Barcelona: Anagrama.

Amnistía Internacional. 2005. *Informe 2005. El estado de los derechos humanos en el mundo*. Madrid: EDAI.

Anderson, B. S. y J. P. Zinsser, 2000. *Historia de las mujeres: una historia propia* (Volumen: I). Barcelona: Crítica.

Arendt, H. 2001. *Los orígenes del totalitarismo*. Madrid: Taurus.

Bair, K. 1995. El egoísmo. En, P. Singer (Ed.). *Compendio de ética*. Madrid: Alianza.

Barthes, R. 1998. *Fragmentos de un discurso amoroso*. México: Siglo XXI.

Bauman, Z. 2005. *Amor líquido*. México: Fondo de Cultura Económica.

Beattie, M. 2002. *Libérate de la codependencia*. Barcelona: Sirio.

Béjar, H. 2001. *El mal samaritano*. Barcelona: Anagrama.

Bilbeney, N. 1995. *El idiota moral*. Barcelona: Anagrama.

Beauvoir, S. de 2000. *El segundo sexo*. Madrid: Cátedra.

Bornstein, R. F. 2005. *The Dependent Patient*. Washington: American Psychological Association.

Camps, V. (1999). *Paradojas del individualismo.* Barcelona: Crítica.

Camps, V. 2005. *La voluntad de vivir.* Barcelona: Ariel.

Comte-Sponville, A. 1997. *Pequeño tratado de las grandes virtudes.* Barcelona: Editorial Andrés Bello.

Comte-Sponville, A. 2003. *Diccionario filosófico.* Barcelona: Paidós.

Comte-Sponville, A. 2004. *El capitalismo, ¿es moral?* Barcelona: Paidós.

Cortina, A. 1999. *Los ciudadanos como protagonistas.* Barcelona: Galaxia Gutenberg.

Cortina, A. 2003. *El mundo de los valores.* Bogotá: El Búho.

Deveau, J. M. 2001. *Mujeres esclavas.* Barcelona: Martínez Roca.

De la Corte, Blanco, A. y M. Sabuceo, 2004. *Psicología y derechos humanos.* Barcelona: Icaria y Antrazyt.

De Ventós, X. R. 1996. *Ética sin atributos.* Barcelona: Anagrama.

Downer, L. 2004. *Geisha.* México: Diana.

Duby, G. y M. Perrot, 2000. *Historia de las mujeres.* Madrid: Taurus.

Escobar, J., C. Gaviria, G. García, G. Hottis, C. F. Marulanda, F. Parenti, P. Rodríguez, L. Santos y Vargas. 1998. *Bioética y derechos humanos.* Bogotá: Ediciones El Bosque.

Escobar, J. 1998. *Códigos, convenios y declaraciones de ética médica, enfermería y bioética.* Bogotá: Ediciones El Bosque.

Feeney, J. A. y L. Hohaus, 2001. Attachment and Spousal Caregiving. *Personal Relationships.* 8: 21-39.

Feeney, J. A., R. Alexander, P. Noller, L. Hohaus. 2003. Attachment, Insecurity, Depression and Transition to Parenthood. *Personal Relationships.* 10: 475-493.

García Gutiérrez, J. M. 2002. *Diccionario de ética.* Madrid: Mileto Ediciones.

Habermas, J. 1987. *Teoría de la acción comunicativa*. Madrid: Taurus.

Hazan, C. y P. R. Shaver, 1994. Attachment As an Organizational Framework for Research in Close Relationships. *Psychological Inquiry*. 5: 1–22.

Hobbes, T. 1989. *Leviatán*. Madrid: Alianza Editorial.

Hoffman, M. L. 2002. *Desarrollo moral y empatía*. Barcelona: Idea Books, S. A.

Hondferich, T. 2001. *Enciclopedia Oxford de filosofía*. Madrid: Tecnos.

Heller, A. 1998. *Aristóteles y el mundo antiguo*. Barcelona: Península.

Hume, D. 2003. *Investigación sobre la moral*. Buenos Aires: Losada.

Levin, H. 1974. *El realismo francés. Stendhal, Balzac, Flaubert, Zola, Proust*. Barcelona: Laia.

Lipovetsky, G. 1999. *La tercera mujer*. Barcelona: Anagrama.

———. 2000. *La era del vacío*. Barcelona: Anagrama.

———. 2002. *El crepúsculo del deber*. Barcelona: Anagrama.

———. 2003. *Metamorfosis de la cultura liberal*. Barcelona: Anagrama.

Maquiavelo, N. 1984. *El príncipe*. Medellín: Bedout.

Mikulincer, M., y G. S. Goodman. 2006. *Dynamics of Romantic Love*. Nueva York: The Guilford Press.

Moncho i Pascual, J. R. 2000. *Ética de los derechos humanos*. Madrid: Tecnos.

Nagel, T. 2004. *La posibilidad del altruismo*. México: Fondo de Cultura Económica.

Nietzsche, F. 1968. *Obras inmortales*. Madrid: Edaf.

Rholes, W. S. y J. A. Simpson. 2004. *Adult Attachment*. Nueva York: The Guilford Press.

Roselló, F. T. 2005. *¿Qué es la dignidad humana?* Barcelona: Herder.

Savater, F. 1997. *Ética como amor propio*. Barcelona: Grijalbo Mondadori.

Shulman, S., J. Elicker, y L. A. Sroufe. 1994. Stages of Friendship Growth into Preadolescence As Related Attachment History. *Journal of Social Personal Relationships*. 11: 341-361.

Simpson, J. A., W.S. Rholes, y D. Phillips. 1996. Conflict in Close Relationships: An Attachment Perspective. *Journal of Personality and Social Psychology*. 71: 899-914.

Singer, P. 2002. *Una vida ética*. Madrid: Taurus.

Smith, A. 1979. *Investigación sobre la naturaleza y la causa de la riqueza de las naciones*. México: Fondo de Cultura Económica.

Sober, E. y D. S. Wilson. 2000. *El comportamiento altruista*. Madrid: Siglo XXI.

Spinoza, B. 1995. *Ética*. Madrid: Alianza Editorial.

Unamuno, M. 2003. *El sentimiento trágico de la vida*. Buenos Aires: Losada.

Velásquez, J. L. 2003. *Del homo al embrión*. Barcelona: Gedisa.

von Schönborn, F. 2005. *Conversaciones con el Dalai Lama*. Madrid: Martínez Roca.

Whiffen, V., A. Kallos-Lilly, y B.J. MacDonal. 2001. Depression and Attachment in Couples. *Cognitive Therapy and Research*. 25: 577-590.

Voltaire. 1999. *Tratado de la intolerancia*. Barcelona: Crítica.